Motorradtouren in & um Baden

Michael Fauth

Motorradtouren in & um Baden

Ein Motorradparadies vor meiner Haustür. Die Region Baden mit Ihrer wunderschönen Natur, ein kleiner Reiseführer für Biker welche den Schwarzwald und seine Umgebung kennen lernen möchten. Streckenbeschreibungen mit ein wenig Hintergründe und Informationen, ein paar Farbbilder aus den gefahrenen Routen. Ein begleiter für Motorradtouren in Baden, der Südpfalz und dem Elsass.

Bibliografische Information der Deutschen Nationalbibliothek:
Die Deutsche Nationalbibliothek verzeichnet diese Publikation in der Deutschen
Nationalbibliografie; detaillierte bibliografische Daten sind im Internet
über http://dnb.d-nb.de abrufbar

© 2011

Herstellung und Verlag: Books on Demand GmbH, Norderstedt

ISBN: 9783842369047

Motorradtouren in und um Baden

Inhalt	Seite

Vorwort

Motorradtouren in und um Baden

Wer kennt das nicht, mit Freunden plant man eine Motorradtour, am besten über ein langes Wochenende. Doch wohin und wo gibt es die besten Strecken für den Biker? Mit diesen Streckenempfehlungen möchte ich Motorradfahrern einige Strecken und Tourvorschläge unterbreiten. Nicht von irgendwoher, nein aus meiner Heimat, direkt vor der Haustür.

Alle Streckenbeschreibungen an einem bis zwei Tage, und natürlich auch in Kombination an mehreren Tagen befahren werden. Die Touren enden in der Regel am Ausgangspunkt, können aber auch individuell kombiniert werden.

Auf den beschriebenen Tourenverlauf finden sich immer wieder Übernachtungsmöglichkeiten. Sei es ein Campingplatz, eine Herberge / Pension oder Hotel.

Eine Landkartenempfehlung ergeht für die Oberrhein Karte mit der Region Schwarzwald, Vogesen, Pfälzer Wald und Kraichgau vom ADAC.

Burgen und Schlösser um Baden-Baden

Die kleine Tour steht im Motto der Burgen und Schlösser um Baden-Baden, meiner Heimatstadt. Sie verläuft direkt um meine Haustüre herum, also in der direkten Umgebung von Baden-Baden. Durch den gewählten Streckenverlauf wie auch dem eventuellen Besichtigungsanteil sollte man, je nachdem, wie man an den Rundkurs herangeht, etwas Zeit mitbringen. Reine Fahrtzeit, ohne große Besichtigungen, lediglich ein paar kleinere Spaziergänge zu den historischen Stätten, etwa vier Stunden. Wer allerdings hier den Turm hoch will, da die Porzellan Sammlung besichtigen oder ins wehrgeschichtliche Museum möchte, der sollte sich einen oder gar zwei Tage Zeit nehmen. Wer mal in die Gegend kommt, kann hier ja einen entsprechenden Rundkurs einbauen. Dann viel Spaß beim Eintauchen in meine Schwarzwaldregion.

Ich beginne die Tour in Baden-Baden am „Neuen Schloss". Auf dem Schlossberg hat man eine wunderbare Sicht über die Altstadt mit dem Bäderviertel von Baden-Baden.
Vom Schlossberg aus steuere ich meine alte Shovel auf die Zähringerstraße (L 79a) und fahre diese hoch Richtung Schlossberg-Tunnel. Kurz nach dem Hinausfahren aus dem kleinen Tunnel geht es rechts ab. Die Straße führt steil den Berg hinauf. Die Straßenbezeichnung liegt hier bei „Alter Schlossweg", diese windet sich dann durch den Wald. Oben angekommen befindet sich rechter Hand die Burg Ruine Hohenbaden, das Alte-Schloss mit dem Naturschutzgebiet Battert-Felsen im Hintergrund.
Fährt man auf der kleinen Straße (Hilsbrunnenstraße) weiter durch den Wald und hat man das Ende des Waldes erreicht so gelangt man in den Ort Ebersteinburg. Oben links kann man die Burgruine Alt Eberstein sehen. Ich steure rechts auf die Durchfahrtsstraße (K 9602).

Nach etwa einhundertfünfzig Meter fährt man rechter Hand zur Ruine hoch. Vom Turm der Burg hat man einen wunderschönen Rundumblick in das nahe gelegene Murgtal, auf den Rhein, die Stadt Karlsruhe und bei gutem Wetter sogar bis Strasbourg in Frankreich. Ich nehme den Abstieg wahr und verlasse Ebersteinburg mit dem Ziel Rastatt und steure Richtung Westen den Rheingraben hinunter.

Auf dem Weg nach Rastatt komme ich Richtung Förch. An der Kreuzung links Haueneberstein und rechts Kuppenheim, ich fahre geradeaus auf die K 3711 nach Förch. Auf der rechten Seite ist ein Wäldchen, dahinter verbirgt sich der Park des Schlosses Favorit.

Weiter geht die Strecke Richtung Niederbühl und dann Rastatt. Da Rastatt eine größere Stadt ist, orientiert man sich am besten Richtung Stadtzentrum. Die Barockstadt hat einiges an Einbahnstraßen zu bieten, ich habe mich verfranzt, Heideblitz … „One Way Roads" … nun das Schloss steht in der Mitte, eigentlich nicht zu verfehlen, wenn man nicht gerade Verkehrsteilnehmer ist. Auch an barocken Gebäuden fehlt es nicht. Die badischen Farben rot und gelb zeigen den Fußweg zu markanten Stellen der Stadt.

Ich verlasse die Stadt Richtung Norden. Mein Streckenverlauf geht auf der B 3 und B36 (zusammen) Richtung Karlsruhe. Kurz nach dem ich die Stadt verlassen habe biege ich an der großen Ampelkreuzung rechts ab auf die B 462 Richtung Gaggenau / Gernsbach.

Kurz vor Gaggenau — Rotenfels steht rechter Hand neben dem Unimog Museum das Schloss Rotenfels. Ein kleines Hofgut unseres Markgrafen, man brauchte ja schließlich noch ein paar Wochenendhäuser. Das Großherzogtum Baden ließ sich nicht lumpen …

Die Harley blubbert das Murgtal hinauf, bei Gernsbach wechsle ich inmitten der historischen Altstadt die Uferseite der Murg. Ich folge nun der Beschilderung „Schloss Eberstein".

Gegenüber der Murginsel biege ich rechts auf eine kleine Kreisstraße, welche sich steil den Wald hinauf schlängelt. Zunächst sind die kleinen kurven eher Schikanen. Die langgablige Shovel geht geradeaus durch die Schikanen. Nun wird die Strecke kurviger, auf halbem Weg komme ich zum Schloss Eberstein.

Weiter geht es auf der Schlossstraße Richtung Baden-Baden. Es geht nun wieder in die klassische Schwarzwaldregion. Dichte Wälder, kleine kurvige Straßen, ab und an eine Waldwiese. Ich nehme die L 79 und fahre hinunter nach Mühlendorf, weiter geht es nach Oberbeuern, einem Stadtteil von Baden-Baden. Der Forellenhof an der Auffahrt zur Roten Lache bleibt links liegen. Weiter unten geht dann fließend der Ortsteil Oberbeuern zu Lichtental über. Am Brahmsplatz links ab auf die B 500. Auf der Schwarzwaldhochstraße bleibe ich nicht lange, hier waren mir schon immer zu viele Renner unterwegs. Am Zimmerplatz steuere ich die Harley halb rechts Richtung Neuweier. Die L 84 schlängelt sich durch den Wald hinunter in das Baden-Badener Rebland.
Die Shovel holpert nun durch die Weinberge und den engen Gassen von Neuweier. Auf der rechten Seite steht das Schloss Neuweier.

Burg Ruine Eberstein

Nur einige Hundert Meter weiter das Tal hinunter biege ich rechts ab und fahre nach Umweg. Es ist kein Umweg, der Ort heißt so. Von Umweg fahre ich auf der K 960 nach Varnhalt. Links und rechts nur Weinberge und ein paar schnieke Restaurants. Aber die gibt es hier um Baden-Baden wie Sand am Meer.

Mein nächstes Ziel ist die Yburg. Sie thront hoch über den Weinbergen. Wieder fahre ich durch die Weinberge an Weingütern vorbei und tauche ab in den kühlen Wald. Die Harley muss ganz schön schnaufen, steil steht die Burg oben auf dem Berg. Das dumpfe Dröhnen und Stampfen des Motors gibt mein Ankommen kund. So manch ein Wanderer schaut mich komisch an … Oben angekommen parke ich die Karre und schlendere über die Burg.

Zurück muss man fast wieder auf dem gleichen Weg. Doch aufgepasst, jetzt kommt ein Insider Tipp. Unterhalb der Yburg gibt es auf der rechten Seite einen Unterstand mit Grillplatz (Nellenberg oder das Nellele). Fährt man rechts, kommt man auf eine Schranke. Mit dem Motorrad kommt man gut durch. Diese Straße wurde 1999 nach dem Orkan Lothar geschlossen. Die Schranke blieb jedoch, der Asphalt auch. Die Strecke windet sich durch den Schwarzwald, etwa drei Kilometer dann kommt man wieder und diesmal ohne Schranke auf eine kleine Straße, welche rechts zu einem Badesee führt und links durch den Badener Golfplatz. Achtung, tieffliegende Golfbälle sind durchaus möglich. Folgt man der kleinen Straße durch das Grün gelangt man auf die Fremersbergstraße, rechts geht es wieder nach Baden-Baden. Noch einmal in die Innenstadt und weiter zum Neuen-Schloß und der Ruine Hohen Baden.

Hier beende ich meine kleine Kaffee-Tour und schließe diese Beschreibung ab. Mein Weg führte mich dann in meine Kneipe, dem Hangar 7 auf dem Baden Airpark. Hier trifft sich der Harley Club Baden-Baden.

Der Nordschwarzwald

Die nun folgende Streckenbeschreibung umfasst eine Tour in den Nordschwarzwald. Der Streckenverlauf erfolgt nördlich von Gernsbach im Raum Calw und Pforzheim bis Karlsruhe. Hier ergibt sich die Möglichkeit der weiterführenden Routenbeschreibungen in der Südpfalz und oder dem Elsass. Die reine Fahrtzeit wird, je nach Motorrad zwischen drei bis vier Stunden angesetzt bei Besichtigungen von regionalen Sehenswürdigkeiten wie die Klosterruinen von Herrenalb oder Frauenalb. Darüber hinaus das Fahrzeugmuseum in Marxzell oder in der Landeshauptstadt vom Großherzogtum Baden, Karlsruhe.

Die Universitätsstadt Karlsruhe bietet diverse Möglichkeiten zum Verweilen. Im Karlsruher Schloss ist das Badische Landesmuseum untergebracht, neben der Stammausstellung zur badischen Geschichte finden hier auch wechselnde Ausstellungen statt. In der nahegelegenen Orangerie, im Schlosspark befindet sich eine Gemäldeausstellung. Die Fächerstatt (vom Schloss ausgehendes strahlenförmiges Straßennetz) lässt sich von hier aus gut erkunden.

Wir starten die Tour an unserem bisherigen Ausgangsort Baden-Baden und steuern das Motorrad auf der B 500 Richtung Lichtental. In Lichtental folgen wir der Beschilderung auf der L 78 nach Gernsbach. Wir fahren auf der L 78 durch Mühlenbach. Die Strecke windet sich durch ein kleines grünes Tal hinauf in den Schwarzwald. Auf der ersten Höhe angekommen fahren wir in der Kurve geradeaus auf die K 3701, der Rotenbachtalstraße. Hier kommen wir am Schloss Eberstein vorbei. Der Blick öffnet sich auf der rechten Seite in das Murgtal.
Wir fahren das Murgtal hinab und kommen nach Gernsbach, unten links weg steuern wir der Murg flussabwärts bis in das Zentrum von Gernsbach. Hier müssen wir den Fluss überqueren um auf der gegenüberliegenden Seite, auf der B462 für etwa 700 m flussaufwärts

zu fahren. Unser nächstes Ziel ist Loffenau. Auf der L 564 verlassen wir Gernsbach. Die Strecke führt uns vorbei an grünen Wiesen, links neben uns ein Seitental des Murgtals. Hinter Loffenau an einer von Motorradfahrern beliebten "Applaus kurve" vorbei. Mit Eleganz nehme ich die Kurve, klar, dass sich hier Zuschauer befinden. Die Harley kratzt ein wenig am Straßenbelag. Wir fahren ein in den kühlen Wald und verlassen die Wiesentäler. Oben auf der Passhöhe befindet sich ein kleiner Motorradtreff, welcher zu einer Pause einlädt. Die Shovel bollert mit dumpfem Hub an dem Parkplatz vorbei. Ein paar Biker schauen auf und folgen mit Ihren Blicken meiner Fahrt. Wir befahren im Übrigen die Deutsche Alleenstraße. Einige Kilometer vor uns liegt der Kurort Bad Herrenalb. Im Zentrum von Bad Herrenalb, mit den vielen Straßencafés, fahren wir auf der L 564 nach Marxzell. Inmitten des kleinen Ortes liegt auf der rechten Seite das Fahrzeugmuseum. Dies fällt gleich angesichts den alten Baumaschinen und der Dampflok auf. Für interessierte alter Dinge und Fahrzeuge, lohnt es sich hier ein Stopp einzuplanen.

Es geht weiter, am Museum biegen wir rechts ab auf die Maisenbachtalstraße, der L 565 in Richtung Straubenhardt / Birkenfeld und steuern auf Pforzheim zu. Die Straße steigt leicht an und bietet sanfte Kurven. Die Goldstadt streifen wir kurz. Wer mag, kann sich gerne in der Stadt des Schmucks ein wenig aufhalten. Wir biegen an der Ampelkreuzung rechts ab und folgen der Beschilderung. Der Streckenverlauf geht auf der L562 Richtung Büchenbronn weiter Bad Liebenzell / Hirsau. Hierzu müssen wir bei Grundbach rechts Richtung Unterreichenbach auf die B 463. Wir folgen der B 463 bis Nagold. In der mittelalterlichen Stadt Nagold wechseln wir wiederum auf die B 28. Durch schöne Wälder, vorbei an Waldwiesen steigen wir aus dem Talkessel von Nagold hinaus. Wir fahren bis kurz vor Altensteig auf der B28. Vor Altensteig biegen wir rechts ab auf die K 4371 Richtung Berneck und Neuweiler. Die Straße steigt an, einige kurvige Strecken folgen. Der Fahrbahnbelag ist nicht immer ideal. Die Harley holpert über den teilweise doch sehr schlechten und immer wieder geflickten Asphalt.

Obelisk im Murgtal

In Neuweiler biegen wir links ab, folgen der Vorfahrtsstraße auf die L 347 mit dem Ziel Hofstett. Wir fahren den Wald hinunter. Unten angekommen biegen wir rechts ab auf die B 294 mit dem Ziel Cambach / Pforzheim. Neben uns fließt die kleine Enz. Durch das Enztal mit ihren grünen saftigen Wiesen fahren wir immer weiter mit dem Ziel Neuenbürg. In Neuenbürg fahren wir Richtung Straubenhardt auf der L 338 bzw. später wird es die L338a. Weiter geht es auf der uns bereits bekannten Strecke nach Marxzell. Von dort fahren wir auf der L 564 hinunter nach Ettlingen. Wir können im Tunnel an Ettlingen vorbeifahren oder folgen der Beschilderung Ettlingen Zentrum. Zu unserer Linken taucht die Alte Stadtmauer der Altstadt von Ettlingen auf. Ein Spaziergang durch die malerische Altstadt lohnt sich.

Von Ettlingen aus ist es nur ein Katzensprung nach Karlsruhe. Hier folgen wir der Beschilderung und kommen über die Karlsruher Straße nach Karlsruhe / Rüppurr.

In Karlsruhe angekommen können wir unsere Motorradtouren für die kommenden Tage planen. Es geht in die Südpfalz oder in das benachbarte Frankreich, dem Departement Palace (Elsass). Die Tourenbeschreibungen zur "Bunker Tour oder der Südpfalz lassen sich hier gut aufnehmen. Von Karlsruhe aus folgt man der B 10 über den Rhein bei Maxau. Ab Kandel oder Lauterbourg / Wissenbourg gehen die Tourenbeschreibungen weiter. Wer sein Basislager in Baden-Baden hat, folgt der B36 oder B3 in südlicher Richtung nach Rastatt und dann weiter bis Baden-Baden.

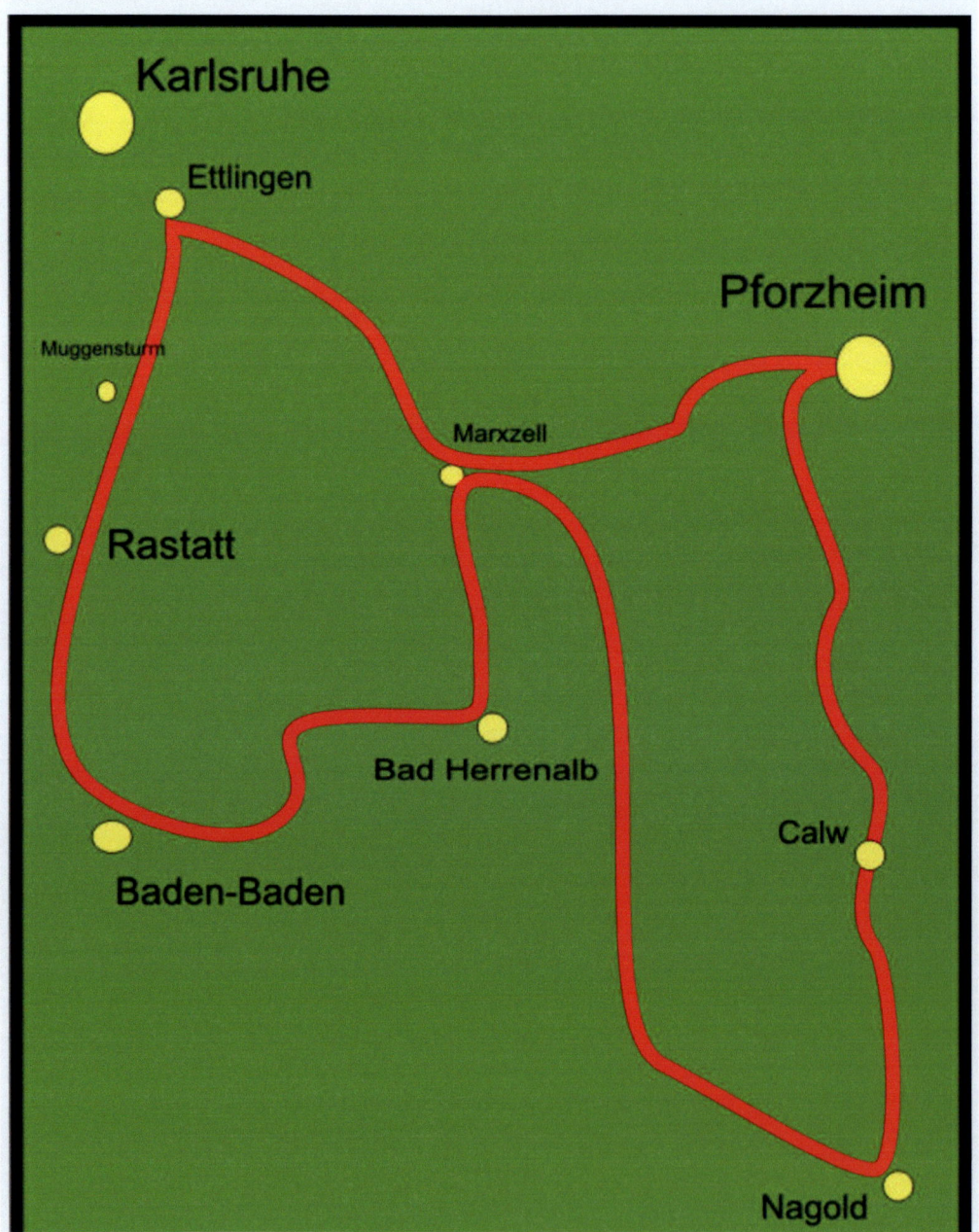

Karlsruhe

Ettlingen

Pforzheim

Muggensturm

Marxzell

Rastatt

Bad Herrenalb

Calw

Baden-Baden

Nagold

16

Frankreich und das Elsass

Die kleine Burgen Tour im Elsass

Wie in den vorgelegenen Bergen des Schwarzwaldes finden sich auch in den gegenüberliegenden Gebirgszügen der Vogesen unzählige Burgen. Einen kleinen Teil dieser Burgen möchte ich hier zu dieser Streckenbeschreibung vorstellen. Zu viele Burgen sind es, teilweise nur getrennt zwischen einem Tal. Wie auf einer Perlenkette reihen sich die Festungsanlagen aus dem Mittelalter entlang dem Rheingraben auf.
Wir starten mit der Tour bei Straßburg mit dem Ziel Colmar. Von Colmar kann der Anschluss an die Süd—Schwarzwaldtour in der Region Breisgau und dem Kaiserstuhl aufgenommen werden. Alternativ kann die Strecke mit Rückfahrt nach Straßburg abgeschlossen werden. Die Rundfahrt beträgt etwa 280 km. Reine Fahrzeit vier Stunden. Mit Besichtigungen von zwei Burgen und einer Kaffeepause im malerischen Colmar sollten jedoch acht Stunden eingeplant werden.

Wir planten diese Motorradtour im Monat Juli, mitteleuropäischer Sommer, sollte man meinen. Nicht ganz, das Wetter hatte eher den Charakter, welcher zum Monat Oktober oder November passen würde. Es regnete und war nicht gerade sehr warm. Mein Tourpartner lebt und arbeitet seit einiger Zeit in den USA, das Motorrad, eine BMW GS 1200 steht in Baden-Baden bereit zu Ausfahrten. Wenn er in Deutschland verweilt, ist ein Ritt auf dem Bike Pflicht. Ganz egal wie das Wetter ist. Da wir beide Experten im schlecht Wetter fahren sind und unsere Regenerfahrungen unter anderem bei der Fahrt zum Nordkap gewonnen haben, treten wir die Tour auch bei Regen an. Schlechtes Wetter gibt es nicht, nur schlechte Kleidung.
Kurze Abstimmung der Strecke und die beiden BMW Motorräder fahren hinaus in den Regen. Von Baden-Baden geht es über die B 500 und der B 36 Richtung Kehl. Den Rhein überqueren wir auf der Europa-Brücke und treten ein in die elsässische Metropole Straßburg. Leichter Nieselregen begleitet uns die ganze Zeit, die Schutzkleidung ist dicht. Wir

verweilen nicht in der Stadt und verlassen diese in südlicher Richtung gegen Fegesheim auf der N 63, bei Erstein verlassen wir die N 63 und fahren über die D 426 Richtung Obernai. Den malerischen Ort durchqueren wir in westlicher Richtung. Vor uns sehen wir, in grauen Wolken verhangen, die Vogesen.

Auf der D 109 fahren wir nach Bernardswiller und Saint Nabor. Die beiden BMW GS-Modelle gleiten durch die schmalen Gassen der mittelalterlichen Siedlungen. Das Brummen der Boxermotoren schallt von den Mauern der alten Stadttore, Touristen laufen durch die kleinen Straßen und Gassen. Motorradfahrer sind keine unterwegs, wir sind die einzigen. Links und rechts von uns wächst der Wein, die Weinberge ragen steil auf. Immer tiefer geht es nun in die Vogesen hinein, die Täler werden schmäler, die Straßen auch. Wald umgibt uns jetzt, der Regen wird stärker. Wir gleiten durch die Wolken, immer höher den Berg hinauf, das Ziel Le Mont Saint-Odile im Elsass.

Das Kloster auf dem Odilienberg ist der bekannteste Wallfahrtsort im Elsass. Das heutige Kloster mit burgähnlichem Charakter wurde auf einer vermutlich um 400 v. Chr. gebauten keltischen Fliehburg angefertigt. Diese Anlage wurde natürlich immer weiter ergänzt. Das Alter wird auf eine 10 km lange bis zu 3 m hoher Steinmauer datiert.

Vermutlich wurde die Anlage als Kultstätte verwendet. Die heilige Odilia ist die Schutzpatronin des Elsass. Sie hat um das Jahr 700 n. Chr. das Kloster gegründet.

Von dieser Anlage aus lässt sich ein kleiner Spaziergang einrichten. Vom Kloster bis zur Grotte des Druiden und zurück zum Parkplatz. Die zweite Rundstrecke führt an zwei Burgen, der Ruine Hagelschloß am nördlichsten Ende der Heidenmauer und an der Burgruine Dreistein, vorbei. Diese beiden Anlagen wurden zum Schutz des Klosters errichtet. Der Regen hat nachgelassen, die Wolken reißen auf und hier und da öffnet sich der Blick auf die Rheinebene. Wir verlassen die Klosteranlage und wählen die D 426 mit dem Ziel Hohwald, Breitenbach und Saint Martin. In Saint Martin wechseln wir auf die D 425 nach Cantone de Ville / Neubois.

Wir fahren durch das Tal der Flüsse Giessen und Lièpvrette. Links und rechts auf den Bergen stehen zwei Burgruinen. Auf dem 704 m hohen Gipfel des Altenbergs ragt die aus dem Jahr 1135 stammende Frankenburg in den Himmel. Nur einen Steinwurf entfernt, bei Scherwiller thront die Burg Ortenberg zur Rheinebene hin.

Unten im Tal biegen wir rechts ab und folgen der D 35 nach Kintzheim. Wieder eine kleine Burg zu sehen, doch das nächste Ziel ist die grandiose Burganlage des Château du Haut-Koenigsbourg. Die Anlage ist beschildert, hierzu biegen wir rechts ab auf die D 159 und steigen die schmale Straße den Berg hinauf. Der Wald wird dichter, das Wetter ist besser geworden. Es regnet nicht mehr, angenehme Temperaturen zum Motorrad fahren. Die Strecke ist kurvig, sehr schön. Wir fahren an der, zunächst im Tal gesehenen kleineren Burg, der Burg Kintzheim vorbei, weiter zum Affenberg. Oben angekommen öffnet sich auf dem Bergrücken die gewaltige Burganlage der Koenigsbourg.

Nach einem Spaziergang in der Burganlage zieht es uns wieder auf die Straße zurück. Wir fahren die Rundstraße (D 159) um die Burg herum und biegen dann rechts ab auf die D 42. Die kleine Straße windet sich durch hügelige Landschaften, wir verlassen die bewaldete Region und fahren vorbei an Wiesen nach Thannenkirch und Bergheim. Ab Bergheim befinden wir uns in einer Weinregion wie der Südpfalz. Über den sanften Hügeln unterhalb der Burgen erstreckt sich ein großes Weinanbaugebiet. Wir fahren nach Ribeauvillé, die Straße durch die Stadt verläuft auf der Route, Elsässer Weinstraße (Route des Vins d'Alsace). Fachwerkhäuser säumen die engen Straßen, die Motorräder rollen durch die dichten Gassen. Zur rechten, an den Hängen der Vogesen, zählen wir drei Burgen, eine davon ist die Ulrichsburg, direkt oberhalb von Ribeauvillé.

Unser nächstes Ziel ist Colmar, die Hauptstadt der elsässischen Weine. Hierzu verläuft unsere Strecke über Zellenberg und Mittelwihr nach Bennwihr. Von dort aus biegen wir links ab auf die D4 und fahren hinunter in das flache Land des Oberreingrabens. Über die N 83 und der N 422 folgen wir der Beschilderung nach Colmar.
In Colmar folgen wir der Beschilderung Centre Vile und stellen unsere Motorräder nahe der Fußgängerzone ab. Ein Spaziergang durch die historische Altstadt mit ihren Fachwerkhäusern und den Kanälen des Flusses Lauch lohnt sich auf jeden Fall.

Wer hier eine Tourverknüpfung zum Schwarzwald machen möchte, kann die nahe gelegene Grenze nach Deutschland passieren (N 415 nach Breisach / Freiburg). Von dort aus den Schwarzwaldbeschreibungen folgen.

Wir haben die Tour am Rhein weitergeführt, abseits von Burgen und Wäldern hinein in die urwaldartigen Riedwälder des Rheins.
Colmar verlassen wir auf der D 45 nach Bischwihr, über die D111 geht es vorbei an dem Ort Muntzenheim nach Artzenheim. Wir sind zunächst umgeben von Maisfeldern und Getreidefeldern. Immer wieder kleine Bäche, dann ein Kanal, hier ein Schleusensystem zur Regulierung der Wasserstände. Der Rhein kann nicht mehr weit sein. Von der D 3 stoßen

wir direkt auf die D20, der Uferstraße des Rheins. Dieser Straße folgen wir in nördlicher Richtung, immer mit dem Strom.

Nun fahren wir durch grüne Auenwälder, links und rechts sehen wir immer einen See oder einen Altrheinarm. Wir folgen dieser Straße bis Gerstheim, dann müssen wir uns links halten. Über kleine Straßen, wie der D 320, D 468 und der D 426 wo wir wieder den Canal du Rhöne au Rhin überqueren müssen, fahren wir nach Erstein. Dann weiter bis Fegersheim, wo wir uns schon in der Peripherie von Straßburg befinden. Über die N 83 gelangen wir in das Zentrum von Straßburg, unser Ausgangspunkt, an dem wir die Tour starteten.

Bilder: In der Klosteranlage Odilienberg mit dem BMW Motorräder, Blick vom Kloster in die Rheinebene.

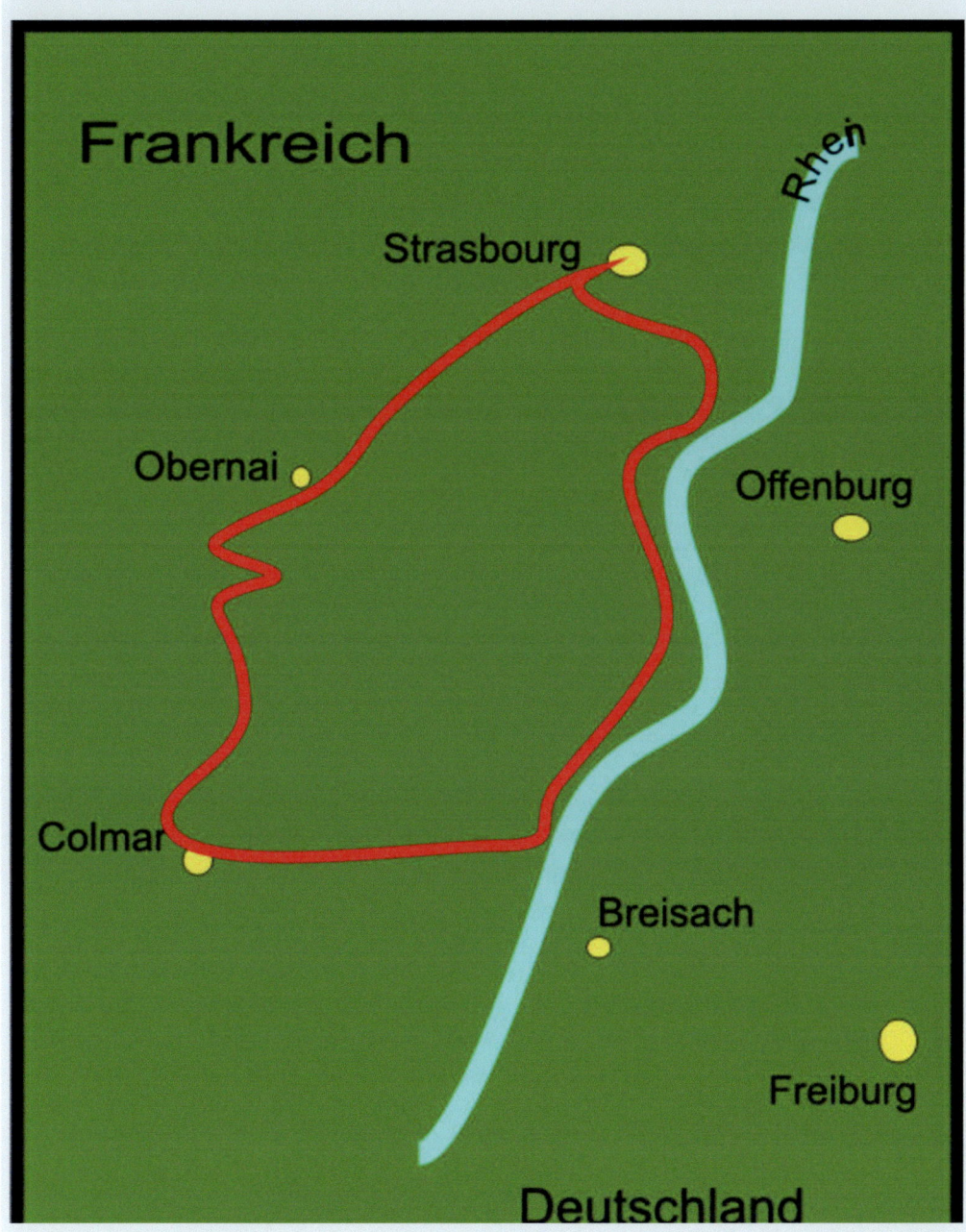

Die Vogesen

Das malerische Elsass mit den Vogesen ist das entgegengesetzte Gebirge des Schwarzwaldes. Das Gebirgsplateau liegt im östlichen Frankreich, die höchste Erhebung ist der Grande Balloue / Ballon de Servance mit ~1220 m. Die nun folgende Streckenbeschreibung umfasst eine Tagestour ab dem Großraum Straßburg im Norden bis Mulhouse im Süden des Elsass. Wir erkunden das Hinterland bis auf die Höhen der Vogesen. Wer sich hier intensiv bewegen möchte und darüber hinaus nicht nur auf den herrlichen kleinen Straßen dem Kurvenrausch dahingibt, sollte ausreichend Zeit einplanen. Allein schon für Städte wie Straßburg, Colmar kann man sehr viel Zeit verbringen, diese muss man unbedingt gesehen haben. Aber auch Orte wie Barr, Mutzig, Obernai sind kleine Städte, welche überaus sehenswert sind. Ein Spaziergang lohnt allemal. Wer auf Entdeckungstour in das Elsas eintaucht und dies über mehrere Tage tun möchte findet ein reichhaltiges Angebot von Übernachtungsmöglichkeiten. In den meisten Städten und Dörfern gibt es kleine Herbergen / Auberge. In der Regel ist eine Unterkunft zu moderaten Preisen zu erhalten, das Essen ist gut. Die Betreiber meist motorradfreundlich. Frankreich ist ein Motorsportland.

Wir beginnen unsere Tour in Strasbourg. Eine Besichtigung dieser Stadt ist empfehlenswert, sollte aber jedoch entsprechend mit ausreichend Zeit eingeplant werden. In nur einer Stunde kann man lediglich zum Münster laufen und durch die engen Gassen der Altstadt rennen. Das macht keinen Sinn, Strasbourg hat viel mehr zu bieten. Schöne Plätze, verträumte kleine Ecken, herrliche Gebäude, Kirchen und Museen. Auch das Nachtleben hat was. Nicht nur unzählige Bars und Restaurants, auch musikalisch gibt es vieles zu entdecken. Musikbars mit Live Musik zu Jazz, Rock, Punk, Metal, Reggae Konzerte in der La Laiterie oder dem Fête de la Musique am 21. Juni jeden Jahres. Das kulturelle Fest zu Sommerbeginn in allen Gegenden von Frankreich.

ch möchte dem Leser hier allerdings nur den Reiz der Landschaft un

Idie wunderschönen Motorradstrecken darbieten. Die Beschreibungen gehen ab und an abseits der üblichen Routen. Alles andere sollte in einem Reiseführer erlesen werden.

Ich bin mit der BMW GS unterwegs. Die BMW bietet für die schmalen und kurvigen, oft etwas holprigen Fahrbahnbelag einfach mehr Fahrspaß. Desweiteren kann ich im Gepäcksystem der BMW meinen üblichen Vorrat an Reiseproviant mitnehmen. Getränke im Tankrucksack, ein kleines Vesper, Regenkleidung im Topcase und GPS-Navigation am Lenker. Die BMW hat Ihre Vorteile zum bequemen Reisen. Die Harley ist da eher für das coole Fahren gedacht.

Wir verlassen Strasbourg in südwestlicher Richtung auf der Rouite de Schirmeck Richtung Flughafen Entzheim bzw. Lingolsheim. Wir fahren nun auf der D 392 bis zum Kreisverkehr, halten uns links auf die D 400 bis zur E 25 / A35. Dort halten wir uns wieder links mit der Zielbeschilderung Colmar. Nach etwa vier Kilometer verlassen wir die stark befahrene A 35 und halten uns an der nun parallel verlaufenden D 392, mit der Richtung Dorlisheim und Mutzig. In Gresswiller wechseln wir auf die D 1420 und gewinnen so immer mehr Abstand von den dicht besiedelten Regionen um Strasbourg. Ab hier relativiert sich der Großstadtverkehr. Die Bauernhäuser mit den Streuobstwiesen ziehen an uns vorbei. Wir bleiben auf der D 1420 bis zu dem Ort Schirmeck. Etwa zwei Kilometer nach Schirmeck kommen wir in den kleinen Ort Rothau. Hier biegen wir im Ort, links auf die D 130 ab. Nun steigen wir ein in die Natur und fahren in bewaldete Regionen der Vogesen. Leicht kurvig schlängelt sich die Straße in das kleine Tal hinein. Nach wenigen Kilometern beginnen die ersten engen Kurven. Die Straße steigt nun über Serpentinen an: Wir fahren bis Le Hohwald. In dem kleinen Ort wechseln wir auf die D 425, hierzu biegen wir rechts ab und fahren nach Breitenbach bzw. Saint-Martin hinunter.

Wir befinden uns nun im nördlichen Bereich der Vogesen. Unser Ziel ist es, die Vogesen von Nord nach Süd zu durchqueren. Mit dieser Absicht möchte ich einige der Höhenregionen der Vogesen ansteuern. Im südlichen Teil der Vogesen werden wir die höchsten Pässe überfahren, bevor wir östlichen dem Rhein zugewandt die Rundfahrt abschließen

Wir fahren nun auf der D 424 nach Vilié. Im Zentrum biegen wir rechts ab auf die D39 nach Bassemberg. Von nun an steigt der Streckenverlauf wieder an, vor uns das Bergmassiv der Vogesen. Die Straße schlängelt sich durch den Wald immer weiter nach oben, wir wechseln die Straße ohne es groß zu merken aus der D 39 wird die D 23. Wir folgen dieser Straße bis nach Les Basses Hieres und biegen nun links ab auf die D 420 mit dem Ziel Gérardmer.

Nach wenigen Kilometer kommen wir an einen Kreisverkehr, an der zweiten Ausfahrt (gerade aus) verlassen wir den Kreisel auf der N 169 in südlicher Richtung nach Bertrimoutie. Wir orientieren uns nach links und verlassen die N 169 auf die D23 nach Ban de Laveline / La Croix aux Mines bis Fraize. Es geht links weiter auf die D 415 nach Plainfaing. Ab hier kommen wir wieder auf die D23. Wir fahren durch Waldstücke und hügelige Wiesen, links und rechts vereinzelte Bauerngehöfte. Auf der Strecke passieren wir kleinere Ansiedelungen der D 23 wie Habeaurupt ; Les Cailes ; Le Rudin ; Le Talet ; Le Grand Valtin bis nach Xonrupt - Longemer. Es geht ab hier weiter bis zum nahen Géradmer.

Die idyllische Stadt in den Südvogesen liegt direkt am Ufer des Lac de Géradmer (Gerdsee). Es empfiehlt sich eine kleine Pause einzulegen, um die Beine etwas zu vertreten. Es ist ratsam hier noch einmal die Spritreserven zu füllen bevor es tief in den Naturpark "Ballons des Vosges" hineingeht. Wir kommen noch an vereinzelten Tankstellen vorbei, doch auf den Höhenzügen der Vogesen gibt es wenige Möglichkeiten zu tanken.

Wir verlassen Géradmer auf der D 486 in Richtung La Bresse vom Zentrum der Gemeinde aus geht es auf die D 34. Die Straße steigt an und wir gelangen über die D 34 A auf die Höhenzüge der Vogesen. Die Waldflächen werden immer kleiner. Wir wechseln auf die D 430. Fast alpenähnliche Wiesen durchqueren wir, atemberaubende Blicke öffnen sich, im Osten der Schwarzwald, im Süden die Alpen. Wir fahren auf der D 430 weiter, im Grunde immer geradeaus zur Cole de la Schlucht.

Am Hotel-Restaurant auf der Höhenstraße machen wir eine Pause. Die Motorräder parken wir neben Dutzend andere Bikes. Wir mischen uns unter die Biker, trinken etwas, sitzen in der Sonne und genießen das Treiben.

Auf der D 61 geht es weiter, ein atemberaubender Blick öffnet sich über die Vogesen, neben uns stürzt die Schlucht in die Tiefe. Es geht weiter durch den Nationalpark, auf der N 61 immer gerade aus über Le Reichsberg bis Les Terrasses du Lac Blance. Von dort aus steuern wir die Motorräder immer weiter hinunter in das Tal. Unten angekommen, fahren wir entlang am See Lac Blance auf der D 48 Richtung Munster. Hierzu kommen wir an den Orten Soulzeren und Stosswihr vorbei.

Auf der D 417 fahren wir durch Munster Richtung Colmar. Wir fahren jedoch nicht nach Colmar in die Stadt, daher biegen wir in Turckheim links auf die D 10 ab. Auf dieser Straße folgen wir in nördlicher Richtung über Beblenheim nach Ribeauville. Am Kreisverkehr vor Sigolsheim fahren wir die zweite Ausfahrt heraus (gerade aus). Hier wird die D 10 zur D 1B. Die Strecke führt durch Dörfer wie Bennwihr, Mittelwihr, Ribeauville, Bergheim, Rorschwihr nach Sélestat. Ab Sélestat folgen wir der gut

gut ausgebauten A 35 bis Strasbourg und beenden hier die Rundfahrt in den Vogesen.

Die Strecke ist teilweise durch die engen kurvigen Straßen sehr anspruchsvoll und verlangt etwas an Kondition. Eines jedoch ist sicher zu erwähnen, mitunter gehört die Region Grande Ballons und Cole de la Schlucht zu den schönsten Strecken im Elsass.

Bild: Auf der Strecke in den Vogesen.

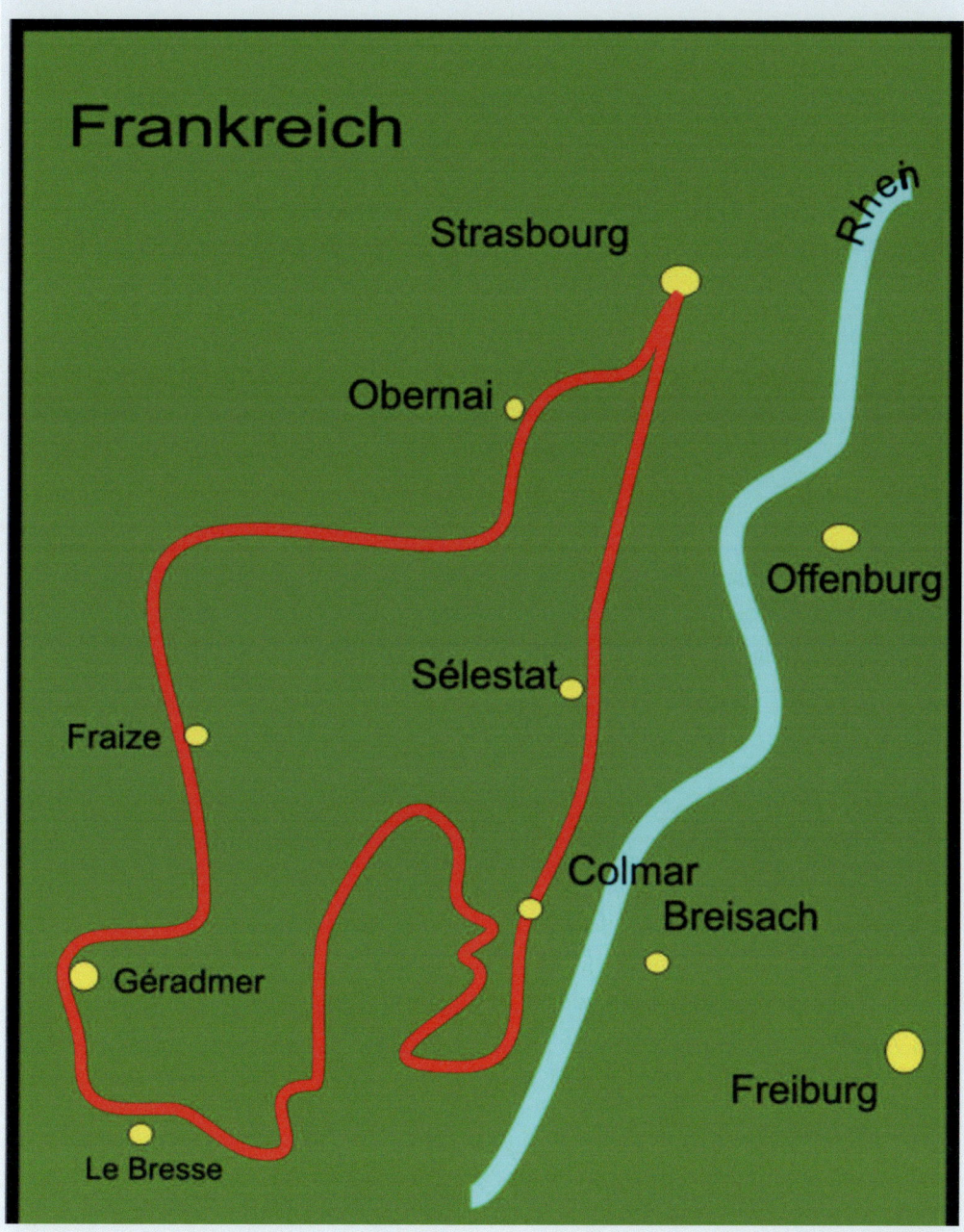

Die Bunker Tour

Wer sich für militärische Anlagen und ein wenig für Geschichte interessiert, kommt bei dieser Motorradtour voll auf seine Kosten. Die reine Fahrtzeit beträgt sechs Stunden, gefahren mit einer Harley Davidson Shovelhead, es könnte auch schneller gehen. Wobei die Verkehrsregeln und der Streckenverlauf nicht wirklich Rennen oder Raserei zulassen. Plant man Besichtigungen der militärischen Anlagen mit ein, zum Beispiel das Museum in Hatten, so erhöht sich die benötigte Zeit um weitere zwei bis drei Stunden. Also morgens los und am Spätnachmittag wieder zurück oder eine Unterkunft suchen.

Ich beginne die Bunker Tour in Baden-Baden beim Gefallenendenkmals unterhalb des Jagdschlosses von Baden-Baden Oos. Hier steht, etwas einsam am Waldrand, ein fast in Vergessenheit geratenes Denkmal des 3. Schlesischen Dragoner Regiment No. 15. Dieses Denkmal wurde errichtet zum Gedenken der gefallenen Kameraden des 3. Schlesierregiment von 1870- 1871 in China, Südwest Afrika und des im I. Weltkriegs. Der 14m hohe Obelisk aus hellem Varnhalter Granit wurde 1928 erbaut. Der Standort wurde von Offizieren und Mannschaftsverbänden des Dragoner Regiments ausgesucht, freie Sicht auf den Wasserturm von Hagenau und dem Straßburger Münster. Der Künstler Göhler entwarf 1927 das Denkmal, zunächst etwas umfangreicher mit Freitreppe und umlaufenden Sitzbänken, dies wurde jedoch damals nicht genehmigt.

Im Februar 2010 bis Juni 2011 wurde das Denkmal unter der Leitung von Dr. Kurt Rohner renoviert. Der Zahn der Zeit nagte sehr an diesem Kunstwerk. Der Obelisk befindet sich etwa einhundert Meter westlich des Jagdschlosses mit Blick über Sinzheim / Winden und der Rheinebene. Ich fahre die Hubertusstraße hinunter, biege an der Schwarzwaldstraße rechts ab und durchquere die Stadt Baden-Baden auf der B500 Richtung Freudenstadt. Ich verlasse jetzt die Stadt Baden-Baden bei Geroldsau

Bild oben Bunker auf dem Baden Airpark.

auf der Schwarzwaldhochstraße. Doch bleibe ich nicht allzu lange auf dieser Straße. Schon am Zimmerplatz geht es rechts ab Richtung Neuweier. Die Harley holpert die schmale kurvige L 84 hinunter. Einige hundert Meter nach dem Ortseingang von Neuweier befindet sich auf der linken Seite ein etwas unscheinbares wild eingezäuntes Gelände. Die Steil nach oben ragende Felswand birgt unterhalb einen Eingang. Dies ist der Eingang zu einer Bunkeranlage. Man nennt diese Anlagen ja im militärischen Sinne Divisons- Gefechtsstand. Es gibt wohl im direkten Badischen Umland drei dieser größeren Anlagen, In Oberkirch, Neuweier und Malsch. Weitere Divisons- Gefechtsstände wurden nach dem letzten großen Krieg gesprengt. Der ein oder andere Bunker wurde nicht entdeckt und dient heute als Rumpelkammer oder Partykeller. Man findet nur schwer die Steinhaufen, meistens in der Winterlandschaft wenn das Laub der Bäume die Sicht frei gibt. Diese Anlage gehörte einst zum Westwall, in Zeiten der französischen Besatzungsmacht wurde der Bunker für das französische Militär umgebaut. Ich nehme meinen Weg wieder auf und poltere mit der Harley durch die engen Straßen von Neuweier. In der Ortsmitte, kurz vor der Kirche biege ich links ab und folge der L 84 mit dem Ziel Eisental. Von Eisental geht es auf die B3 Richtung Bühl. Kurz vor Bühl biege ich wieder rechts ab Richtung Vimbuch / Oberbruch. Von dort aus geht es zunächst Richtung Rheinmünster / Stollhofen über Leiberstung und Schiftung zum Baden Airpark. Die Angabe der Kreisstraßennummern ist zu verwirrend, einfach der Beschilderung Schiftung und dann Baden Airpark folgen.

Auf dem Gelände des ehemaligen Kanadischen Militärflughafens stehen andere Bunkertypen herum. Runde, eckige, eingegrabene, alle mögliche Typen, Flugzeugbunker, Munitionsbunker, Kraftstoffbunker und viele andere. Der Flughafen wurde von den Franzosen im Herbst 1951 gebaut. Der Flugplatz in Baden-Baden wurde zu klein für die modernen Flugzeuge. Die damalige Graspiste reichte nicht mehr aus, dies passte nicht zum Projekt „europäische Verteidigung". Die Start und Landebahn reichte für die modernen Kampfjets nicht mehr aus. Zum Bau des Flughafens entschied man sich dann für die Region um Söllingen. Die Gemeinden Hügelsheim, Söllingen, Stollhofen und Leiberstung mussten damals insgesamt 346 Ha Wald und 328 Ha Feld abgeben. Die Landwirte sahen Ihre Zukunft in der Landwirtschaft gefährdet. Einige Jahre nach der Fertigstellung wurde der Flugplatz den Kanadischen Streitkräften übergeben.

Ich verlasse wieder das Airpark- Gelände über die hintere Ausfahrt, vorbei an der Grotte und dem Soldatenmahnmal aus dem Zweiten Weltkrieg, geht es über Stolhofen auf der B 36 nach Greffern. Ich steuere die Shovel durch den Ort mit Ziel Rheinfähre. Von dort aus geht es mit der Fähre über den Rhein nach Frankreich.

Schon am Ortseingang von Drusenheim blicke ich in die Schießscharten einer vorgelegenen Anlage der Machinot- Linie. Gleich nach dem ersten Bunker biege ich rechts ab und fahre über die Departemont Straße nach Dalhunden. Vorbei an stillen Gewässern der Altrheinarme und einigen kleineren Zuflüssen des Rheins knattert die Harley durch die elsässischen Dörfer wie Auenheim, Röschwoog, Roppenheim und Selz. Bei Selz orientiere ich mich nach der Beschilderung in Richtung Hatten, D28. Nun fahre ich durch den Hagenauer Forst, immer geradeaus geht die gut ausgebaute Landstraße Richtung Westen. Inmitten des Waldes kommt mir auf der Landstraße ein Konvoi entgegen. Bin ich in eine Zeitschleife geraten. Alte amerikanische und französische LKW, Willy Jeeps mit Soldaten in Uniformen aus dem Zweiten Weltkrieg darin, bewaffnet mit Feldausrüstung und Stahlhelme. Der Konvoi wird unter anderem auch von einigen Harley Davidson WLA begleitet. Das Modell wurde meist als Melder Krad der US- Army hinter den Frontlinien eingesetzt.

Nachdem sich der Wald lichtet und Ackerland auftut, blickt man auf der rechten Seite in das Geschütz eines amerikanischen M4 Sherman Panzers. Die Casamat Esch.

Die Casamat Esch ist eine Bunkeranlage die beim Rückzug der deutschen Truppen in den Jahren 1944 / 1945 unter Beschuss gekommen ist. Nachrückende amerikanische Verbände und französische Truppen drängten die deutsche Wehrmacht immer weiter nach Osten zum Rhein. Starke Beschädigungen der Anlage sind noch heute deutlich zu sehen. Ein Problem war ja für diese Anlage, dass sie zur eigentlichen Verteidigung nicht eingesetzt werden konnte. Die Geschützausrichtung zeigt nach Osten, in Richtung Deutschland sowie nach Norden und Süden. Durch die Nord- Südausrichtung vermochten durchdringende Einheiten, von einer Bunkeranlage zur nächsten unter ART Gefechtsfeuer gesetzt werden. Allerdings konnten die Geschütztürme nicht um 180° nach Westen gedreht werden. Auch alle Eingänge der Gefechtsanlagen sind nach Westen ausgerichtet. Wie es aus den Geschichtsbüchern hervorgeht, erfolgte der Angriff auf Frankreich durch die deutsche Wehrmacht über die Wälder der Ardennen, somit umging man die Machinot- Linie

Ich trete den alten Shovel Motor mittels dem Kicker an, der Motor der Harley blubbert beim Bunker vor sich hin, ein paar Touristen und andere Schaulustige sehen mir zu wie ich mit der Schovel davonbrause. Es geht weiter Richtung Westen, nach Hatten.

In Hatten folge ich der Beschilderung „Musee de Lábri". Die Bunkeranlage mit Kasematten befindet sich nord- westlich des Dorfes. Von der Durchgangsstraße des Ortes erfolgen mehrere Zufahrtsmöglichkeiten. Es lohnt sich das Museum zu besichtigen. Gezeigt werden unter anderem wie die Soldaten in den Bunkern gelebt haben, die Einrichtungen und technische Anlagen sind kpl. vorhanden und technisch alles in Funktion. Zudem gibt es in einer Halle eine Ausstellung zum Häuserkampf um Hatten, wie auch diverse Waffenfunde nebst Flugzeugschrott aus den Alt- Rhein Sümpfen. Neben dem historischen Bereich gibt es weiter eine Ausstellung mit diversen militärischen Fahrzeugen der französischen Armee, sowie der NVA und den Zeiten des kalten Krieges aus Ost- und West- Europa. Zu sehen sind nicht nur LKWs und Panzer, auch Hubschrauber und Jets stehen auf dem Gelände. Für eine Besichtigung sollte man sich mindestens drei Stunden Zeit nehmen, dabei ist auch das Bierchen in der Kneipe beim Museum mit eingebunden.

Ich verlasse das Museum, einige technisch versierte Oldtimer Freunde betrachten mich und meine Harley, „schönes Motorrad, Danke". Veteranen- Freunde findet man hier zuhauf. Ich lasse den Shovel- Motor ein wenig brüllen, wohl doch zu laut, der Nachbar im Garten schaut etwas verunsichert auf. Obwohl, wenn hier die Panzer zu einer Bewegungsfahrt hinter dem Museum über den Platz gejagt werden, so dröhnt das auch recht heftig, man ist es wohl gewohnt in Hatten.

Es geht in Richtung Nordwesten, zunächst fahre ich durch Rittershofen dann nach Soultz. Dadurch dass ich die kleinen Departement Straßen wähle, bin ich etwas verdutzt dahingehend, wo ich eigentlich hin muss. Die Beschilderung ist jedoch gut. So lasse ich mich von Dorf zu Dorf treiben. Ich komme den Bergen immer näher, das Ackerland um mich herum wird immer hügeliger. Ab und an sieht man eine Bunkeranlage inmitten der Felder. In Soultz steuere ich die Shovel nach Westen, die Beschilderung zeigt mir den Weg nach Reichshoffen über Kutzenhausen. Hier gibt es recht viele kleine malerische Dörfer, in den teilweise engen Häusergassen dröhnt das Motorengeräusch der Harley mächtig auf. Fußgänger und Anwohner blicken erschreckt auf. Ich glaube hier kommt nicht oft eine alte Harley durch.

Mein Weg führt mich nach Niederbronn les Bains, in der Nähe lese ich das Schild Bitche 18km über die N62. Na ja das nehme ich noch mit. Bitche ist eine alte Festungsstadt neben den historischen Festungsanlagen gibt es hier ebenfalls Bunkeranlagen aus der Zeit nach dem Ersten beziehungsweise dem Zweiten Weltkrieg zu besichtigen.

Südlich von Bitche wähle ich die D35. Die Departement Straße nach Osten, Richtung Sturzelbronn. Wieder fahre ich durch schöne Wälder, die Straße schlingert sich durch kleinere Täler, entlang von Bachläufen. Um mich herum kleinere bewaldete Anhöhen um die 350 bis 450 Meter hoch. Ich bin mitten im Naturpark der Nordvogesen. Bei Obersteinbach bin ich der deutschen Grenze zur Südpfalz sehr nahe, man merkt das am Baustil der Häuser, aber auch an den Weinreben, welche es hier ebenfalls wie in der Pfalz gibt. Von Obersteinbach nach Niedersteinbach, weiter über Lembach nach Climbach und Wissenbourg auf der D3.

In Wissenbourg, zu Deutsch Weißenburg, wird die Region wieder flacher, man kommt in die Nähe des Rheins.

Das kleine Städtchen im Nord Elsass hat einen sehr schönen mittelalterlichen Stadtkern mit einigen wunderschönen Häusern. Von der Stadtmauer aus welche teilweise gut erhalten ist, ergeben sich einige tolle Ausblicke. Hierzu lässt man das Motorrad am besten stehen und macht einen kleinen Spaziergang. Nicht weit von Wissenbourg, etwa 10 km südlich liegt das Artillerie-Festungswerk der Schoenenburg. Diese Anlage ist in der Nähe von Soulz und Hatten. Wer sich die 30 Meter unter die Erde wagt, kann hier die Mannschaftsunterkünfte des französischen Verteidigungswalls, der Maginot-Linie, bewundern. Achtung, es ist feucht und kalt dort unten, warm anziehen, nicht gerade Sandalen und kurze Hosen, auch im Sommer.

Da der Tag schon etwas vorangeschritten ist schaue ich mir diese Festungsanlage nicht mehr an. Ich wähle den Rückweg weiter auf der D3 über Salmbach, Scheibenhard und Lauterburg. Vorsicht, wer das Elsass nicht verlassen will muss aufpassen, immer wieder lockt die Beschilderung nach Deutschland, in die Südpfalz.
In Lauterbourg wechsle ich die Straße auf die D428, mit Richtung Seltz und Mothern. Vor dem Ortseingang bei Mothern komme ich an der Motocross Strecke des örtlichen Motoclub vorbei. Ein einsamer Crosser fährt seine Runden und springt über die Hügel. In Beinheim biege ich am südlichen Ende des Ortes links auf die D87 ab. Die Beschilderung Rastatt zeigt mir den Weg. Von dort aus gelange ich zur alten Eisenbahn Brücke über den Rhein. Diese Brücke wurde für militärische Zwecke noch bis 1999 als Eisenbahnbrücke zu Versorgungszwecken intakt gehalten. Die Gleise liegen heute immer noch und könnten innerhalb weniger Tage wieder eingesetzt werden.
Es ist eine schöne imposante Stahlkonstruktion. Vor der Zerstörung gab es zu Brückenbeginn zwei imposante Toreinfahrten mit Türmchen. Ein Teil davon ist nur noch auf der französischen Rheinseite zu sehen.
Am 12. Oktober 1939 sprengten französische Truppen den westlichen Strompfeiler sowie drei Vorlandbrücken. Im März 1941 begann der Wiederaufbau der Brücke in der ursprünglichen Form, am 3. Mai 1942 erfolgte die Wiederinbetriebnahme mit täglich zwei Schnellzugpaaren und acht Personenzugpaaren. Am 12. Dezember 1944 sprengten deutsche

Bild oben: Fahrt über die Rheinbrücke bei Wintersdorf.

Truppen alle Brückenpfeiler und zerstörten den Überbau. Auch unweit der Brücke, nahe dem Jachthafen befinden sich Bunkeranlagen der Machinot-Linie. Hier beende ich die Bunker Tour über Iffezheim vorbei an der Pferderennbahn knattert die Shovel nach Baden-Baden zurück.

Bild auf Seite 34: Bunkeranlage am Rhein.

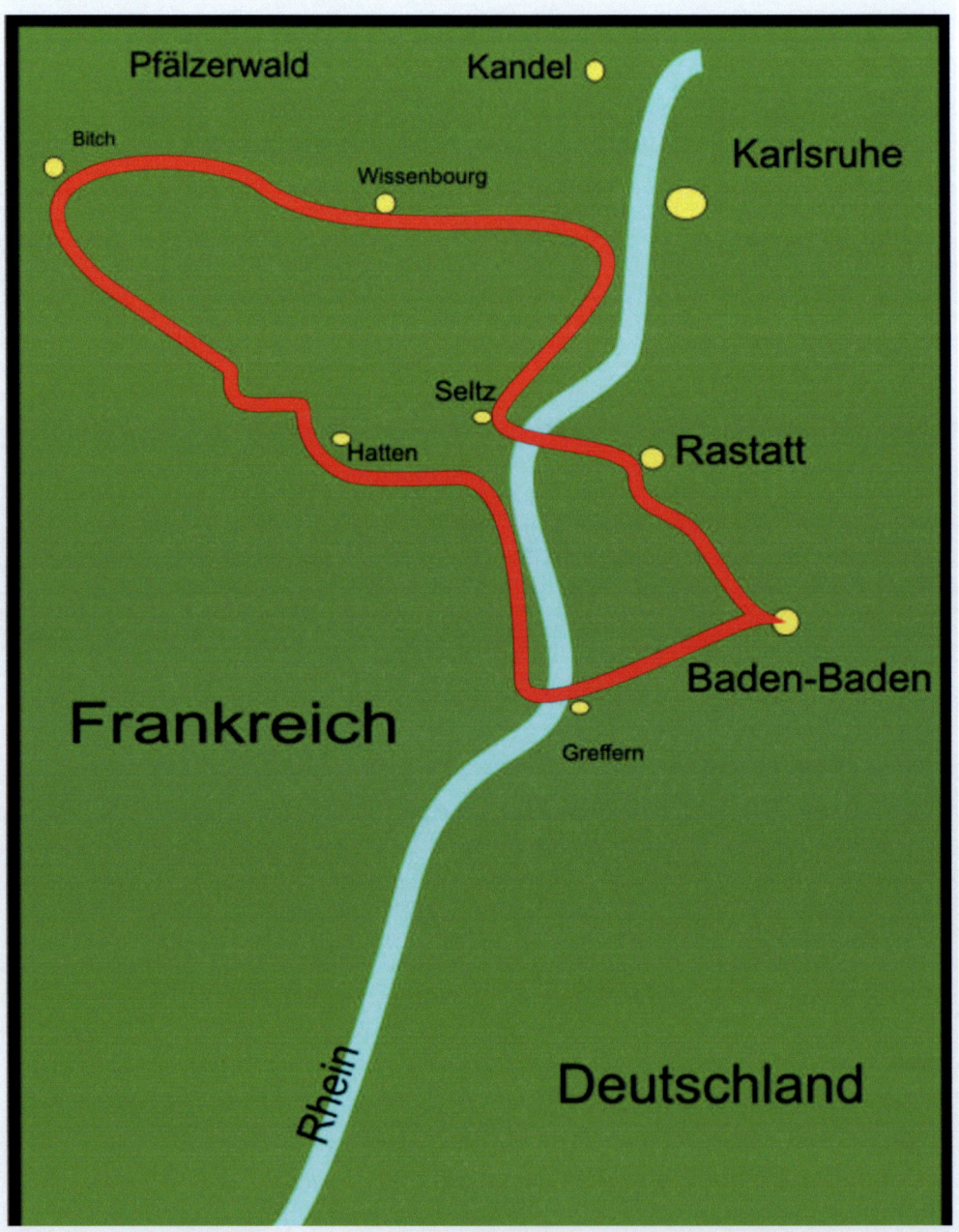

Pfälzerwald

Kandel

Karlsruhe

Bitch

Wissenbourg

Seltz

Rastatt

Hatten

Baden-Baden

Frankreich

Greffern

Rhein

Deutschland

Die Südpfalz

Wir starten unsere Tour kurz nach Überqueren der Rheinbrücke auf der B 10 bei Karlsruhe. Etwa auf der Höhe von Maxau vor Wörth. Hier beginnt unsere Motorradtour im Land der Burgen, Klöster, des deftigen Essens und dem leckeren Wein. Im Verlauf der Strecke durchfahren wir unzählige Weihdörfer in denen die regionalen Besonderheiten, insbesondere die der leckeren Pfälzer Küche oder Weine immer wieder angepriesen werden. Der Streckenverlauf ist einfach, nicht anstrengend, verspricht jedoch auf den kleinen kurvigen Straßen einen enormen Spaßfaktor.

Nach passieren der Rheinbrücke verlassen wir vor dem Wörter Kreuz die B 10 und fahren nach Maximiliansau. Von dort auf der L 540 nach Hagenbach und weiter nach Neulauterburg. Von dort aus geht es auf die L545, der Scheibenharderstraße nach Scheibenhard und durchqueren den Ort. Es geht vorbei an der kleinen Festhalle und dem Sportplatz, ja wir sind noch richtig, Ihr habt Euch nicht verfahren. Die Straße ist schmal, fast wie mit dem Lineal gezogen verläuft die Route am Rande des Bienenwaldes, links von uns ist Frankreich und die Lauter. Ab der Bienenwaldermühle nimmt der Weg seinen Verlauf tiefer in den Wald, entfernen uns von der Französischen Grenze mit dem Ziel Steinfeld. Der kleine Ort wird durchquert, unser nächstes Ziel ist Bad Bergzabern.

Hierzu machen wir einen kleinen Abstecher zum Deutschen Weintor. Von Steinfeld fahren wir nur wenige Kilometer auf der L 546 Richtung Wissenbourg im Elsaß, vor der Grenze bei Windhof folgen wir der L 546 nach Schweigen – Rechenbach. Nach einer kurzen Pause am Deutschen Weintor folgen wir der B 38 und L 508 nach Bad Bergzabern. In Bad Bergzabern wechseln wir auf die B 427. Die Straße steigt leicht an, wieder entschwinden wir in die Wälder, dieses Mal im Pfälzer Wald. Wir bleiben auf der B 427 und kommen durch ein hügelige Landschaft. Das Zwischenziel ist Busenberg und Dahn. Wir fahren durch das FelsenlandDahn. Etwa sieben Kilometer nach Dahn biegen wir links ab auf die B 10 Richtung Pirmasens. Da wir es nicht eilig haben verlassen wir nach dreieinhalb Kilometer die B10 nach Rupertsweiler und folgen der K 36 für etwa drei Kilometer. Wir biegen rechts ab auf die L 486 und durchqueren Pirmasens, unser weiteres Ziel ist Zweibrücken. Die Beschilderung will uns auf die Autobahn führen, wir steuern die Motorräder auf die B10. Vor Beginn der A 62 fahren wir jedoch die B 10 ab und nehmen die parallel verlaufende L 471 bis Zweibrücken. Die Bebauung ist eng in diesem Tal, wir wollen wieder raus in die Natur, vorbei an grünen Wiesen, kleinen ländlichen Dörfern.

Hierzu nehmen wir Kurs nach Norden, der korrekte Weg führt uns nach Norden auf der L 465 über Mörbach , Käshofen, Rosenkopf bis Landstuhl. Wir folgen der Beschilderung bis Landstuhl. Die Straßen sind schmal, leichte Kurven. Der Verlauf geht zügig. Kurz vor Landstuhl geht es unter der A 62 hindurch, wir fahren auf der L 470, beziehungsweise auf der L 363 über Bann, Quaidersbach, Linden bis Waldfischbach-Burgalben. Wir biegen links ab auf die K 32 mit Ziel Röderhof / Leimen.

Neben der Straße verläuft der Schwarzbach dem wir ein gutes Stück folgen. Nun sind wir wieder in der Natur, der Verkehr hat nachgelassen, allerdings haben die Spaßfahrer zugenommen, einige andere Motorradfahrer nutzen auch die schmale Kreisstraße.
Wir kommen am Clausensee vorbei, nach einigen Kilometern macht die Straße einen Bogen nach Südosten und wir sind in Leimen.

Nun sind wir mitten im Naturpark Pfälzerwald. Die kurvigen Straßen ziehen sich durch den Pfälzer Wald, der Spaßfaktor erreicht seinen Höhepunkt. Die Straßen sind teilweise sehr schmal, Vorsicht beim Überholen. Auch auf die vielen Radfahrer und Wanderer achten, hier ist echt viel los. Immer wieder kreuzen andere Verkehrsteilnehmer die Straßen.
Kurz nach Leimen biegen wir links ab und folgen der L 496 Richtung Schwarzbach / Kaiserslautern. In der Zwischenzeit mündeten wir auf die B 48 und folgen dieser etwa zwei Kilometer bis zum Johanniskreuz, bis wir rechts auf die L 499 mit dem Ziel Elmstein abbiegen. Wir fahren an

Bild oben, am Johanniskreuz.

der Abzweigung vorbei bis zum Parkplatz. Am Johanniskreuz ist der Parkplatz voller Motorräder. Wir machen eine Pause und trinken einen Kaffee im Biergarten der Gaststätte. Zeit um sich den Schaukasten mit den regionalen Motorradtreffen zu studieren und sich ggf. beim ein oder anderen Benzingespräch einzuklinken. Es ist ein Kommen und Gehen der unterschiedlichsten Motorradfahrer mit Ihren ebenso unterschiedlichsten Bikes.

Wir fahren die zweihundert Meter zurück und biegen nun linker Hand ab auf die L 499 mit dem Ziel Elmstein und Helmbach. Die Strecke windet sich nun mit stetig aufeinanderfolgenden engen Kurven abwärts. Der Höhenunterschied ist nicht so enorm, sanft steigen wir ab in die Täler des Pfälzer Waldes.

Wir wechseln kurz vor Frankeneck rechts auf die L 514 und überqueren die Totenkopfstraße nach St. Martin. Die Straße ist sehr schmal, Vorsicht in den Kurven bei entgegenkommenden Motorradfahrer oder Autos. Es gibt teilweise keinen befestigten Fahrbahnrand mitunter auch keine Leitplanke. Wir sind inmitten des Pfälzer Naturparks. Für kleinere Gipfelwanderungen oder Spaziergänge können die vielen Waldparkplätze angefahren werden. Die Wanderwege sind gut beschildert.
Es geht weiter nach St Martin und Edenkopen, die Weinorte in der Region sind bekannt für ihre Weinfeste. Es lohnt sich bei einem Weinfest eine Pause einzulegen, oder gar eine Übernachtung.

Von St Martin geht es auf der L 514 weiter nach Edenkoben, nun sind wir inmitten von Weinreben, die Wälder liegen hinter uns, vor uns erstreckt sich die Rheinebene. Nun geht es über Rhodt unter Rietburg nach Westen über Weyer auf der L 506. Die L 506 folgen wir über Ramberg und Dernbach bis Alberswiller. Das Motorrad rollt durch die schmalen Straßen der alten Dörfer, links und rechts der Straßen ist überall Leben. Wanderer kehren in kleine Ausflugslokale ein, motorisierte Tagesausflügler verstopfen die Straßen. Wir suchen die etwas weniger befahrenen Strecken, nicht ganz einfach. Über Birkweiler und Ranschbach folgen wir wieder einige Meter der Deutschen Weinstraße, bevor wir bei Klingenmünster auf die L 493 über Heuchelheim, Biligheim, Rohrbach, Steinweiler nach Kandel fahren und dort die Pfalz- Rundfahrt beenden.

Wer kann sollte die Route der Südpfalz an einem Wochentag fahren. Es ist deutlich weniger Verkehr, auch kommt man nicht in Kollision mit möglichen Wochenende- Streckenverbote für Motorradfahrer.
Wer auf der angegebenen Strecke Hunger bekommen sollte, kein Problem, es gibt unzählige Lokale regionaler Winzer, welche zum Verweilen einladen, jedes ist für sich empfehlenswert.

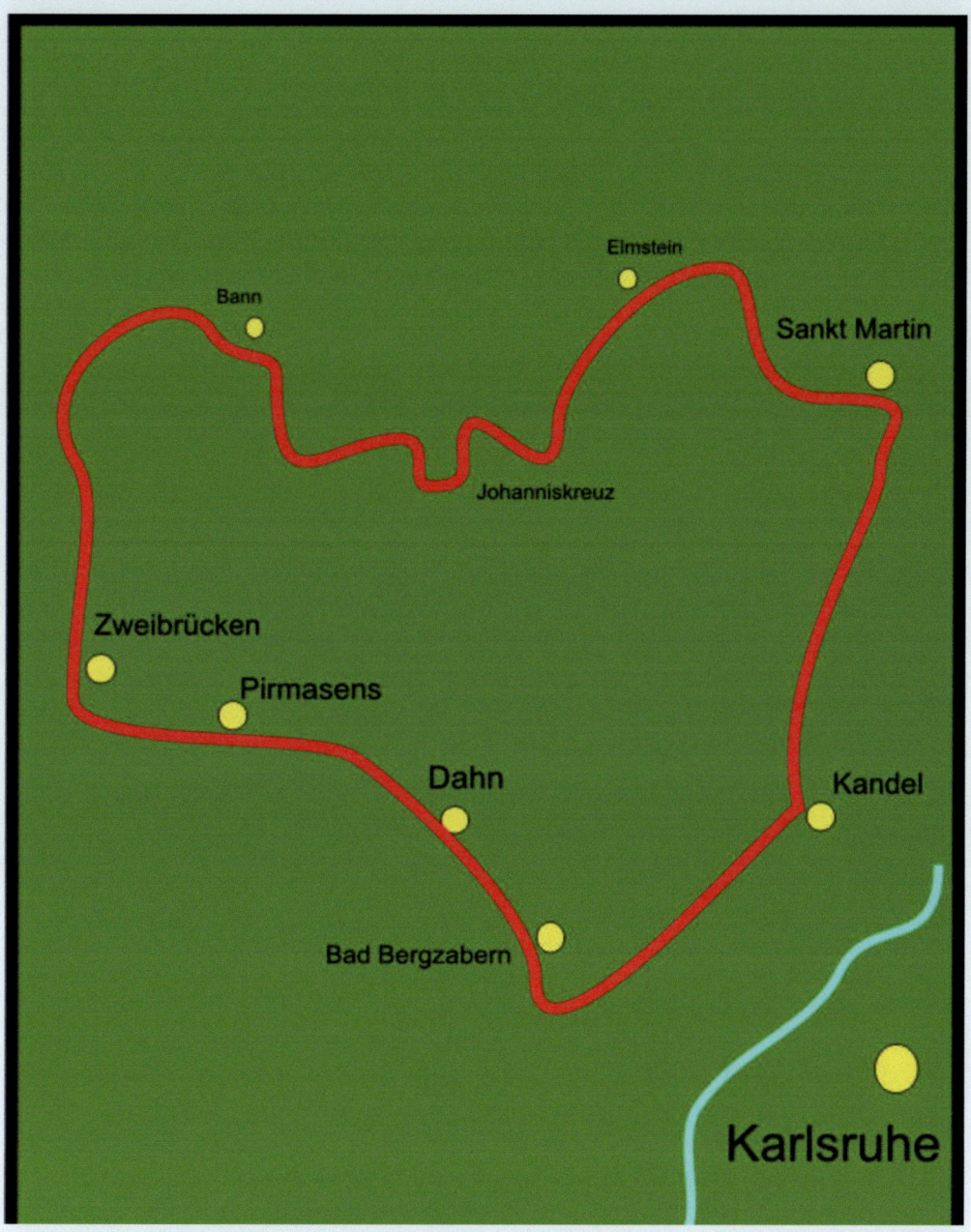

Bann

Elmstein

Sankt Martin

Johanniskreuz

Zweibrücken

Pirmasens

Dahn

Kandel

Bad Bergzabern

Karlsruhe

43

Mühlentour im Mittleren Schwarzwald

Meine hier beschriebene Motorradtour führt durch eine Region im mittleren Schwarzwald an einigen für den Schwarzwald typischen Wassermühlen vorbei. Die Mühlen sind teilweise restauriert und dienen nicht immer Ihrem ursprünglichen Zweck. Einige werden dennoch für gelegentliche Hammerwerkarbeiten in Schmieden genutzt oder einfach zur Stromgewinnung. Der ein oder andere Betrieb nutzt die Wasserkraft weiterhin für die Produktion deren Güter.
Bei einigen Mühlen lässt es sich auch einfach nur relaxt verweilen, etwa bei der Mittagspause, während der Tour oder zu Kaffe und Kuchen.

Der zeitliche Rahmen dieser Streckenbeschreibung liegt bei etwa sechs Stunden mit der alten Shovel. Bei einem moderneren Motorrad mit etwas kürzerem Radstand, was für die Schwarzwaldregion von Vorteil ist, kann man eine Stunde herausholen. Wer sich die Umgebungen und Städt näher anschauen möchte, oder gar eine kleine Wanderung auf dem Mühlenweg bei Ottenhöfen einlegt, der sollte mehr Zeit einplanen. Die Städte auf der Strecke haben Ihren Reiz und sind nicht zu verachten.

Ich starte die Tagestour im Badischen Achern, von der alten B3 kommend, wähle ich den Weg nach Oberachern auf der K 5308. Ich folge der Beschilderung Oberachern und steuere die Shovel auf die L 87 mit dem Ziel Kappelrodeck / Ottenhöfen. Auf der gut ausgebauten Landstraße blubbert die Harley an grünen saftigen Obstwiesen vorbei. Nach wenigen Kilometern donnert der Shovel Motor in den schmalen Straßen der Schwarzwaldgemeinde Ottenhöfen.

Der Mühlenbegeisterte oder einfach nur technikversierte Mensch hat hier die Gelegenheit in der direkten Umgebung gleich mehrere Wassermühlen zu besichtigen. Hierzu gibt es ein Wanderweg, der Mühlenweg. In der Ortsmitte von Ottenhöfen befindet sich das Touristeninformationsbüro. Die Mitarbeiter geben Auskunft, es liegt auch eine Karte aus für den Mühlenwanderweg. Hinter Ottenhöfen biegen wir rechts ab auf die K 5371 nach Unterwasser. Wir folgen der Beschilderung nach Allerheiligen dann auf die K 5370 Richtung Oppenau. Die Straße windet sich durch den Schwarzwald. Die tief liegende Shovel mit der langen Gabel hat es schwer in den engen Kurven nach Allerheiligen. Immer wieder streift der Auspuff oder der Primärkasten in der Kurve. Ich muss das Fahrzeug langsam in die Kurven einsteuern. Selbst die Autofahrer fahren mir dicht auf. Andere Biker rauschen an mir vorbei, ich ignoriere es und setze meine Tour fort.

Zwischen Allerheiligen und Wahlholz befindet sich auf der rechten Seite ein Waldparkplatz, von hier aus führt ein Weg zu den Allerheiligenwasserfälle.

Wir fahren über Lierbach, die Strecke ist gut, selbst mit der Shovel kann ich wieder zügig Fahrt aufnehmen. Die Straße fällt ab und geht in das Renchtal hinunter.

Die Harley rollt in Oppenau ein, vorbei an kleinen Gaststätten und Cafes, überall sitzen Menschen, ich drehe am Gashahn und der alte Motor der Shovel beginnt zu fauchen, das Dröhnen und Stampfen knallt in den schmalen Häusergassen nieder. Gleichzeitig richten die die meisten Menschen ihren Blick auf mich, was kommt denn da. Ich halte mich nicht lange in Oppenau auf. In einem gewerblich genutzten Sägewerk befindet sich ein nicht mehr genutztes Wasserwerk. Bei Fragen lässt man den Mühlenfreund auf das Gelände. Wir befinden uns auf der B 28 auf dem Weg nach Löcherberg, das Tal wird immer enger. In Löcherberg fahren wir rechts ab über die Brücke und steigen die Anhöhe hinauf. Wir befahren die L 94. Links und rechts fahren wir an Schwarzwald typischen Bauernhäusern vorbei. Die Straße steigt steil an, teilweise sind die Kurven sehr eng. Der Fahrbahnbelag wurde jedoch in 2010 erst erneuert, so dass die Harley angenehm dahin stampft. Nach dem Eintauchen in den Wald geht es rechts ab. Die Beschilderung zeigt uns den Weg nach Nordrach. Eine kleine Straße führt durch den Wald. Achtung, der Fahrbahnbelag ist schlecht, die Straße so schmal dass sich Gegenverkehr schon einmal recht gefährlich nahe kommen kann. Wenn sich Lkws aus dem Forstbetrieb zeigen sollte man rechtzeitig eine Lücke finden um den Langholztransporter vorbeilassen.

Nach einer Linkskurve fällt die immer noch schmale Straße steil ab. Vorsicht der Ausblick welcher sich bietet ist fantastisch, aber es fehlen Leitplanken. Also anhalten und nicht beim Fahren ins Träumen geraten. Die Harley holpert und poltert über den welligen Straßenbelag in die Nordrach-Kolonie ein. Der Wassermühlenfreund kommt in Nordrach wieder absolut auf seine Kosten. Sei es bei diversen Sägewerken welche hier zu finden sind oder ein kleine Fahrpause im Mühlenstüble. Eine zur Gaststätte umgebaute Mühle in Nordrach.

Wir verlassen Nordrach auf der Nordracherstraße bis nach Zell am Harmersbach. Wieder ein sehenswerter Ort im Schwarzwald und wieder eine Pause für die Mühlenfreunde. Im Ort befindet sich die Rösselmühle und die Riebenhofmühle. In den Orten Zell und Harmersbach sind weitere Wassermühlen anzuschauen. Etwas abseits in einem Seitental befindet sich noch die Schneiderhofmühle.

Auf der L 94 fahren wir nach Biberach, auch hier befindet sich eine alte Sägemühle, welche jedoch nicht mehr in Funktion ist, schade eigentlich. Ich fahre kurz auf die B33 und verlasse diese gleich wieder um auf der parallel verlaufenden K 5333 Richtung Gengenbach zu fahren. Hierzu durchqueren wir den Ort Fußbach, nach etwa 2,5 km verlassen wir die Kreisstraße und folgen der L 79 nach Gengenbach. In der Ortsmitte liegt etwas versteckt das Wasserrad der Klostermühle. Das Wasser wird durch einen Oberlauf gespeist.

Unweit von Gegenbach, auf der anderen Seite der B 33 liegt der Ort Berghaupten. Ein paar Kilometer außerhalb von Gegenbach kommt man dorthin. Manche Motorradfahrer kennen den Ort wegen des Grasbahnrennens. Aber auch hier ist eine Wassermühle zu finden, die Mühle an der Klingelhalde.

Wir folgen der K 5333 nach Emersbach / Biberach und treffen dort auf die 415. Dieser folgen wir rechts mit der Beschilderung Lahr / Seelbach. In Seelbach gibt es eine besondere Mühle, die Glatze Mühle, sie verfügt über zwei Wasserräder. Auf der L 112 fahren wir durch Seelbach nach Schuttertal. Die niederen Regionen des Schwarzwaldes mit den umliegenden Höhen regen zum Träumen an. Noch einmal ab in die Tiefen der Wälder? Die Harley blubbert gemütlich das Schuttertal hinauf.

Wohl bemerkt hinauf, in der Steig biegen wir rechts ab auf die L 103, wir kommen am Kreuz vorbei, es kann mit anderen Motorradfahrern eine Pause eingenommen werden. Wer nicht mag fährt weiter auf der L 103 hinunter in die Rheinebene. Links und rechts vereinzelte Gehöfte , Dörfer und Wiesen. Der Streckenverlauf ist einfach, optimal für die langgabelige bockige Shovel.

Kurz vor Ettenheim fahren wir rechts ab auf die K 5342 und folgen der Beschilderung über Wallburg nach Kippenheim. Im Ortszentrum von Kippenheim biegen wir rechts ab auf die B 3 und folgen der Beschilderung nach Lahr. Noch einmal gibt es die Möglichkeit eine Mühle zu besichtigen. In Lahr-Reichenbach gibt es eine Museumsmühle mit Hammerwerk.

Für die letzte Etappe folgen wir der B 3 bis Offenburg, die Harley brummt nun auf einer Ihren Lieblingsstrecken, wenig Kraftwechsel, einfach laufen lassen. Einige Kilometer nördlich von Offenburg, kurz vor Appenweier steuere ich die Harley rechts weg auf die B28 nach Oberkirch. Auf der rechten Seite am Ortseingang des Weindorfs befindet sich die Ölmühle Walz. Das Wasserrad treibt das Mahlwerk der Ölmühle an.

Über die L 89 und L 88 fahren wir vorbei an Oberkirch-Haslach und nach Ulm Baden. Vom Weinort Oberkirch zum Bierdorf Ulm. Der Biergarten des Braustübels neben der Ulmer Brauerei lädt noch einmal zu einem letzten Stopp ein. Auf der L88 kommen wir über Mösbach nach Oberachern / Achern. Hier endet unsere Tagestour.

Als mir die Idee einer Mühlentour im Badischen Schwarzwald kam war mir überhaupt nicht bewusst wie viele wasserbetriebene Mühlen es im Schwarzwald gibt. Und dass diese auch noch so eng beieinander liegen. Der Schwarzwälder hat sich früh die Wasserkraft zu nutze gemacht. Ich habe hier nur ein paar beschrieben.

Bilder auf der Seite 46, die Rain Mühle

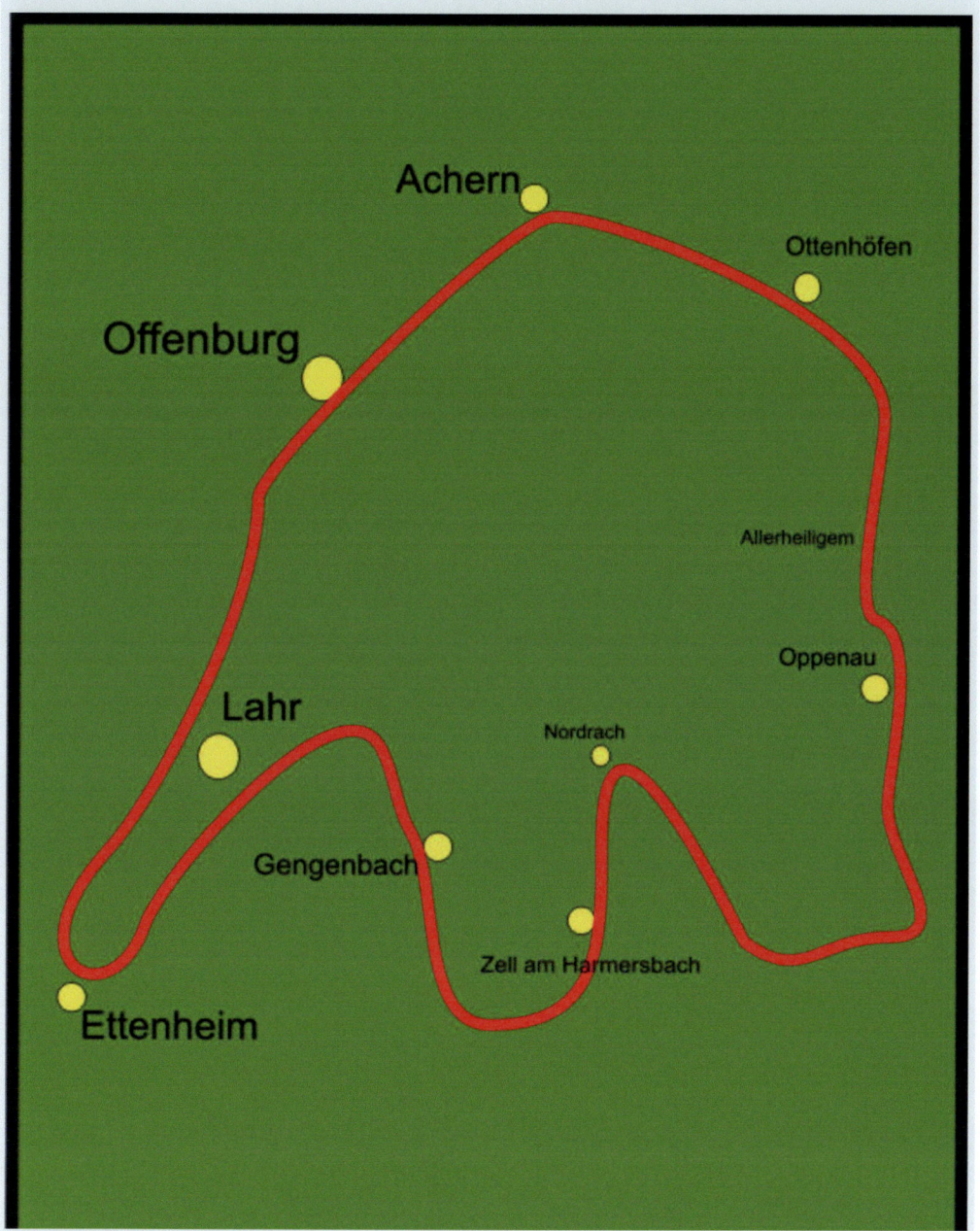

Achern
Ottenhöfen
Offenburg
Allerheiligem
Oppenau
Lahr
Nordrach
Gengenbach
Zell am Harmersbach
Ettenheim

Der Südschwarzwald

Durch die Ortenau, dem Breisgau und dem Kaiserstuhl

Die hier beschriebene Tour durchstreift alle Facetten des Schwarzwaldes. Höhenzüge, Täler, enge Schluchten, Wälder, Wiesen mit Streuobst, Reben und die Rheinebene. Wir umfahren den Feldberg, kommen der Schweiz recht nahe und streifen die südbadische Metropole Freiburg. Der Stadt mit dem Münster und den kleinen Bächen erstatten wir einen kleinen Besuch. Danach geht hinaus in den Kaiserstuhl und durchqueren den Breisgau bis wir in Offenburg die Rundfahrt abschließen.
Mit Pausen und kleinen Spaziergängen sollten für diese Tour ein ganzer Tag eingeplant werden. Die gefahrene Strecke liegt bei ca. 350km. Einkehrmöglichkeiten gibt es am Rande der gefahrenen Routen genügend. Von der Schwarzwälder Vesperstube mit Schwarzwälder Schinken und Schwarzwälder Kirschtorte bis hin zum Kaiserstühler Wein ist alles zu bekommen. Der Region zeigt sich hier von Ihrer vielfältigsten Seite.

Ich beginne die Tour in Offenburg, mit der BMW GS. Das Motorrad zeigt sich für die kleinen Straßen mit den engen Kurven einfach wendiger und somit ist ein sportliches Fahren gewährleistet. Dennoch möchte ich hier nicht zum Rasen animieren. Der Streckenverlauf ist auch für Fahranfänger locker zu meistern.

Ich verlasse Offenburg in südlicher Richtung auf der B 3 Richtung Lahr. Ich folge der Beschilderung Villingen Schwenningen auf der B33 und verlasse diese als bald über parallel verlaufende Kreisstraße über Ortenberg, Ohlsbach nach Gengenbach. Den Ort Gengenbach haben wir schon an der Mühlentour besucht, daher fahren wir weiter über Schönberg nach Biberach und Haslach im Kinzigtal. Von dort aus fahren wir weiter nach Hausach, wir bleiben auf der B 33 Richtung Gutach / Hornberg im Gutachtal, rechter Hand sehen wir das Freilichtmuseum „Vogtsbauernhof". Hier wurden alte Bauernhäuser der Region zusammengetragen. Es wird das Leben der Schwarzwaldbauern gezeigt, sehr sehenswert

Nur wenige Kilometer nach Gutach biegen wir rechts ab und fahren über Landwasser in das Oberprechtal. Hier folgen wir der Beschilderung, Hinterprechtal, Elzfälle, Schonach bis Triberg. Wir fahren im Elztal auf der L 109. Der Schwarzwald umgibt uns, die BMW findet Gefallen an den teilweisen schmalen Straßen mit gut ausreichenden Geraden, um sich immer wieder nach vorne weg Platz zu schaffen. Der Weg für die Kurven um Triberg muss frei sein. Ich steuere das Motorrad auf die B 500, die Schwarzwaldhochstraße, der Beschilderung folge ich nach Furtwangen.

Ich befinde mich nun in mitten dem Naturpark Südschwarzwald, um mich herum stattliche Wälder mit großen Tannen. Immer wieder ziehe ich an stattlichen Schwarzwaldwiesen vorbei. An den Hängen stehen alte große Schwarzwaldbauernhöfe.

Bei Furtwangen wechsle ich auf die L 173 Richtung Schönenbach und Vöhrenbach. In Vöhrenbach rechts ab auf die L 172, Richtung Bubenbach und Eisenbach im Hochschwarzwald. Ich folge der Beschilderung nach Neustadt und Titisee. Bei Titisee geht es Richtung Feldberg auf der B 500 und weiter nach Schluchsee.

Der Schluchsee, ein Stausee bei St Blasien im Breisgau der Region Hochschwarzwald. Mit einer Länge von etwa 7,3 km und einer Breite von 1,4 km, bei einer Tiefe von etwa 61m ist er der größte See des Schwarzwaldes.
Wir umfahren einen Abschnitt des Feldberges, der Skiregion vom Hochschwarzwald. Der Feldberg mit seinen 1493m ist der höchste Berg im Schwarzwald. Alpenähnliche Wiesen und Ausblicke bieten sich hier im Naturpark Schwarzwald.

Ich fahre noch ein Stückchen auf der B 500 bis Häusern, dann geht es rechts ab auf die L 149 nach Sankt Blasien und weiter nach Bernau Immer noch auf der L 149 fahre ich durch Gschwend und Utzenfeld. Auf der B 317 geht es weiter nach Süden Richtung Schweizer Grenze. Allerdings nach wenigen Kilometern biege ich bei Wembach auf die L 131 ab.

Es geht nun vorbei am Belchen, das Gegenüber zum Feldberg. Der Belchen mit seinen 1414 m Höhe ist der zweithöchste Berg neben dem Feldberg in der Schwarzwaldregion. Nun fahre ich wieder durch Wälder bis Badenweiler, langsam verlassen wir die Höhenregionen des Schwarzwaldes und kommen in die Niederungen der Rheinebene.

In den Kurort Badenweiler, einer Gemeinde des Markgräflerland fahre ich die letzten Höhenmeter hinab, kurz vor Müllheim geht es rechts ab auf die L 125 nach Zunzingen, Staufen im Breisgau, Ehrenkirchen, Bollschweil nach Freiburg im Breisgau.

Freiburg, Deutschlands südlichste gelegene Großstadt an der Dreisam, das Tor zum Schwarzwald, muss unbedingt besichtigt werden. Es lohnt sich einen Spaziergang durch die Innenstadt zu tätigen und den kleinen Bächen zu folgen, welche am Marktplatz beim Münster vorbeiführen. Die Stadt hat allerhand zu bieten, sei es ein ausgiebiges Nachtleben mit vielen Kneipen und Nachtklubs, historischen Stadtführungen mit Gespenster und wilden Geschichten einstiger Besatzer aus der Habsburgerischen Zeit bis hin zu musikalischen Events, wie das Zelt Musik Festival oder Jazz am Waldsee.
Wer will, kann sich hier eine Übernachtung nehmen und die Tour am Morgen fortsetzen oder mit einer anderen Route, zum Beispiel dem Elsass kombinieren.

Es geht nun weiter, ich verlasse Freiburg in westlicher Richtung auf der B 31 nach Oberrimsingen. Wir sind nun inmitten des Kaiserstuhls. Der Badischen Weinregion zu Füßen von Freiburg. Ich folge der B 31 durch Weingebiete in nördlicher Richtung und komme nach Breisach am Rhein. Auch Breisach ist einen Spaziergang wert, die Altstadt ist malerisch gelegen, es lohnt sich hier ein wenig zu verweilen.

Wir sind nun nahe der französischen Grenze, parallel zum Rhein fahre ich weiter auf der L 104 in nördlicher Richtung nach Sasbach im Kaiserstuhl. Ich folge der L 104 bis Rust. In dem kleinen Ort befindet sich der Europapark Rust. Ein Freizeitpark mit vielen Fahrattraktionen, Achterbahnen, Geisterbahnen der Familie Mack. Auch hier lohnt sich ein

Besuch, Spaß für die gesamte Familie von Jung bis Alt. Ein Tag muss unbedingt eingeplant werden, fast schon zwei Tage. Hotel gibt es im Freizeitpark.

Von Rust fahre ich auf der K 5349 nach Ringsheim. Hierzu überquere ich die BAB 5 und komme nun auf die B 3. Hier biege ich links ab und fahre Richtung Ettenheim nach Lahr. Über Friesenheim kommen wir auf der B 3 wieder zurück nach Offenburg und schließen die Rundtour hier wieder ab.

Eine umfangreiche Tour. Wer nicht nur den ganzen Tag fahren möchte und etwas anschauen will oder in den Schwarzwaldregionen kleine Wanderungen / Spaziergänge mit einbaut sollte sich Gedanken machen hier eine Übernachtung einzubinden, es lohnt sich auf jeden Fall.

Bild unten, in der Region Hochschwarzwald.

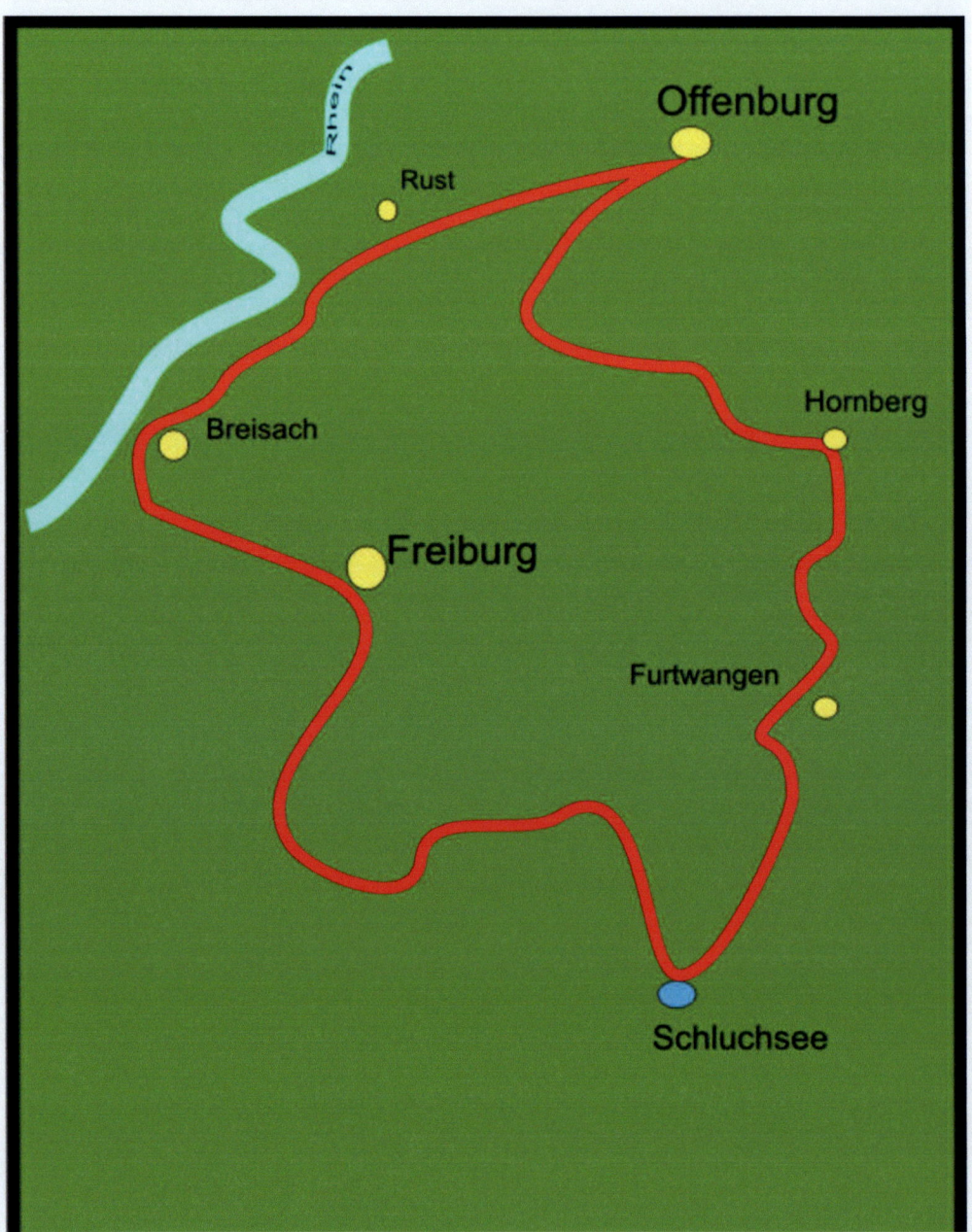

Offenburg

Rhein

Rust

Hornberg

Breisach

Freiburg

Furtwangen

Schluchsee

Die Schwarzwalddurchquerung

Wir durchqueren den Schwarzwald von Nord nach Süd bis in die Schweiz. Zurück geht es in den vorgelagerten Schwarzwaldbergen von Süd nach Nord zur Ausgangsposition Baden-Baden. Unser Ziel ist das jährliche Motorradtreffen der Long Rider, ein kleiner Schweizer Motorradclub aus Basel. Das Sommertreffen findet immer Mitte August in Himmelried statt. Einfach nach dem Motto, der Weg ist das Ziel fahren wir nicht auf der A 5 nach Basel, sondern starten am Morgen und fahren über die Höhenzüge des Schwarzwaldes.

Die Tour ist über zwei Tage angedacht, natürlich muss das Motorradtreffen im August nicht besucht werden und die Übernachtung kann auch in einem Hotel oder einer Herberge gewählt werden. Der gesamte Streckenverlauf hat etwa 480 km in Anspruch genommen. Die Straßen sind teilweise klein und schmal, so dass das Vorankommen etwas zeitaufwendiger ist als auf den Hauptstrecken.

Von Baden-Baden geht es über die B 500, der Schwarzwaldhochstraße Richtung Freudenstadt. Einige Kilometer vor Freudenstadt und kurz vor Kniebis biegen wir rechts ab auf die L 96 und fahren die schmale Straße hinunter. Unsere Route führt uns nach Bad Rippoldsau, dann weiter das Tal hinunter inmitten des Schwarzwaldes. Wir bleiben auf der L 96, durchfahren Schapbach. In Wolfach biegen wir rechts ab auf die B 294 bis Schiltach. In Schiltach biegen wir rechts ab auf die B 462 nach Schramberg. In Schramberg trennen sich die Straßen, wir folgen der L 420 nach Hardt und Mariazell. Wir fahren durch eine landwirtschaftlich genutzte Region, links und rechts der Straßen befinden sich kleinere Bauernhöfe. Das Landschaftsbild ist hügelig, die tiefen Schluchten des Schwarzwaldes haben wir hinter uns gelassen. Über dem Ort Weiler fahren wir auf der K 5534 und dann der K 5720 nach Fischbach und weiter auf der L 181 nach Niedereschach. Bei dem Motorradausstatter

Touratech machen wir eine kleine Pause und trinken im Lädchen einen Kaffee. Wer noch etwas für die Reise braucht ist hier bestens versorgt. Neben Technik zum Motorrad, gibt es für Mensch und Maschine fast alles. Nach einem kurzen Besuch des Verkaufsraums ziehen wir wieder weiter.

Wir orientieren uns Richtung Schwenningen, fahren dort auf der B 27 Richtung Donaueschingen und weiter bis Hüfingen. bei Hüfingen biegen wir rechts ab auf die B 31 und folgen der Bundesstraße bis Titisee, Von der Hochebene um Donaueschingen fahren wir wieder in die typischen Schwarzwaldregionen mit Tannenwäldern und Hochwiesen. Von Titisee fahren wir auf der B 317 / B 500 nach Bärental. immer noch auf der B 317 geht es über Feldberg nach Todnau.

Nachdem wir den höchsten Berg des Schwarzwaldes überquert haben, den Feldberg mit 1493 m Höhe, auch der höchste Berg von Baden-Württemberg, geht es nun wieder bergab. Wir steuern den Rhein beim Badischen Rheinfelden an. Hierzu fahren wir weiter auf der B 317 über Schönau im Schwarzwald, vorbei an Zell im Wiesental bis Schopfheim. Bei Schopfheim verlassen wir die 317 und orientieren uns über den Ort Wiechs und Karsau auf der K 6336 nach Rheinfelden.

Wir folgen dem Rhein stromabwärts, die Straße verläuft parallel des Rheins nach Basel. Bei Grenzach Wyhlen überqueren wir die Grenze in die Schweiz. Um auf das Partygelände zu gelangen müssen wir durch Basel Stadt. Das ist nicht ganz einfach, mit GPS ist das Vorhaben einfacher, zumindest wer keine Autobahnvignette für die Autobahn hat. Um nach Himmelried zu gelangen muss man Richtung Muttenz / Dornach (18) Bei Grellingen geht es rechts ab über den Fluss und über die Bahnlinie. Der weitere Streckenverlauf ist schön, die Straße steigt kurvig an und geht durch schattige Laubwälder. der Beschilderung nach Himmelried folgen.

Das Motorradtreffen ist klein aber fein. Zelten ist ein Muss, zu weit abgelegen ist das Töff- Treffen.

auf der B3 fahren wir nach Norden. Über Mülheim und Bad Krozingen fahren wir nach Freiburg.

In Gundelfingen bei Freiburg wechseln wir von der B 3 auf die K 9852, dieser folgen wir ein Stück, immer geradeaus , über den Grüner Weg geht es auf einer sehr kleinen Straße nach Heuweiler, von dort aus kommen wir auf die L112 in das Glottertal. Kurz vor St Peter biegen wir links ab auf die L 186 und folgen dieser bis Waldkirch. Über die 294 geht es über Winden im Elztal. Kurz vor Elzach fahren wir links ab auf die L 101. Wir folgen der L 101 bis wir auf die L 103 kommen, dort biegen wir rechts ab mit dem Ziel Steinach / Biberach. Die Strecke verläuft über die Ausläufer der Schwarzwaldberge. Kurvig und schnell ist das Fahren, wenig Verkehr. Aber Achtung, mit Traktoren ist hier immer zu rechnen.

Von Biberach aus fahren wir auf der L 94 nach Zell am Harmersbach und weiter nach Oberharmersbach bis Löcherberg. Wir fahren Löcherberg hinunter, unten angekommen biegen wir links ab auf die B 28 nach Oppenau und Oberkirch.

In der Weinregion um Oberkirch steuern wir die Motorräder auf die L 88a nach Ringelbach und Waldulm. Die kleine schmale Straße schlängelt sich durch Weinberge in die sanften Hügel der Ortenau. Oben angekommen hat man einen wunderbaren Ausblick über die Rheinebene und die Ortenau. Wir bleiben auf der L 88 a und fahren durch Kappelrodeck nach Obersasbach, von dort aus geht es weiter nach Lauf. Ab Lauf fahren wir weiter auf der L 88 a nach Ottersweier. Wir kommen über die Lauferstraße in das Zentrum von Ottersweier, neben der Kirche im Zentrum befindet sich eine Motorradwerkstatt. Wer Probleme mit seinem Bike hat kann hier beim Tennessee Road Shop Custom Bikes + Parts von Andy Hilfe bekommen. Die letzten Kilometer nach Baden-Baden legen wir auf der B 3 zurück, hierzu fahren wir in nördlicher Richtung nach Bühl und Sinzheim.

Bild unten, in der Ortenau.

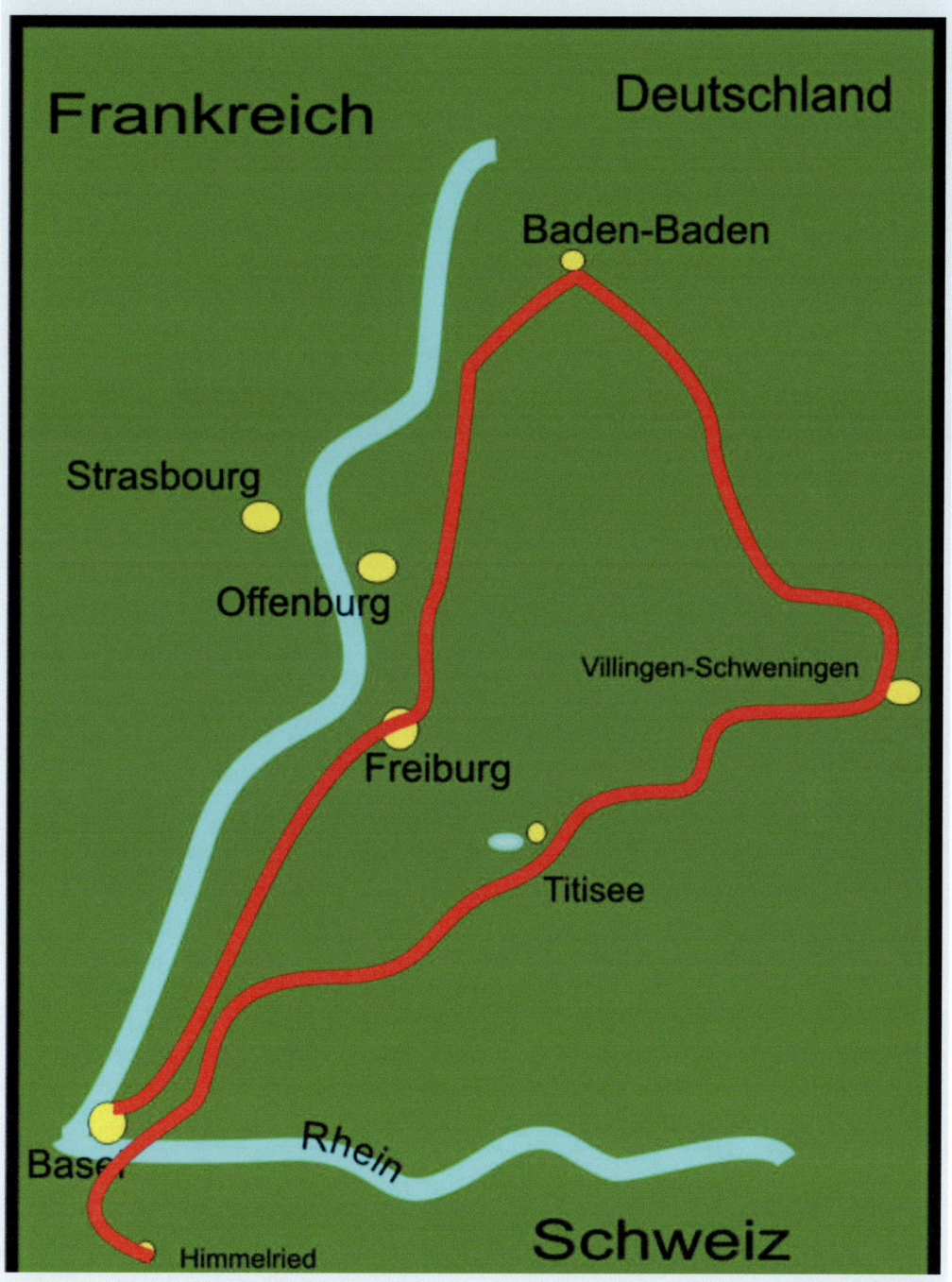

Ich selbst bin seit 1985 auf zwei Rädern unterwegs und habe bereits einige Kilometer auf den Straßen und Pisten dieser Welt zurückgelegt. Also ein Motorradfahrer durch und durch. Das Bikerleben lebe ich durch die Mitgliedschaft eines der größten deutschen 1 % Motorradclub, dem Gremium M/C, vom Chapter Baden-Baden. Ein Querschnitt zu Rockergeschichten und Reiseerlebnisse habe ich im Busch "Ruf der Landstraße" verfasst.

Mit diesem kleinen Buch möchte ich meine Heimatregion bezüglich interessanten Themen und Touren etwas näher bringen. Zum Abschluss meiner bescheidenen Zeilen, wünsche ich allen Motorradfahrer die diese Touren nachfahren viel Spaß, es gibt einiges zu sehen und zu erleben im Süd- Westen von Deutschland und den angrenzenden Ländern. Einen kleinen Anreiz gebe ich Euch hiermit auf den Weg

Die Linke zum Gruß auf der Straße, der Mezzo.